Ken Davis

Wie spreche ich mit Teens, ohne sie abzutörnen?

W0089125

Ken Davis

Wie spreche ich mit Teens, ohne sie abzutörnen?

Schulte & Gerth

Die amerikanische Originalausgabe erschien im Verlag
Zondervan Publishers, Michigan, unter dem Titel
„How To Speak To Youth And Keep Them Awake At The Same Time",
© 1990 by Ken Davis
© der deutschen Ausgabe 1998 Verlag Klaus Gerth, Asslar
Aus dem Amerikanischen von Roland Renz

Best.-Nr. 815 543
ISBN 3-89437-543-4
1. Auflage 1998
Umschlaggestaltung: SPOON/Olaf Johannson
Umschlagillustration: Hanni Schäfer
Innenillustrationen: Rand Kruback
Satz: Die Feder GmbH, Wetzlar
Druck und Verarbeitung: Ebner Ulm
Printed in Germany

Inhalt

Vorwort

Daß Ken Davis hervorragend reden kann, wußte ich schon immer. Doch wie ausgeprägt sein Können wirklich ist, erfuhr ich erst, als ich ihn vor ein paar Jahren bei einer Jugendveranstaltung erlebte. Ich war bei eben dieser Veranstaltung auch als Redner eingeteilt und für die morgendlichen Andachten zuständig.

Es wäre ziemlich untertrieben zu sagen, die Veranstaltung sei in den ersten Tagen nicht gut gelaufen. Die jungen Leute waren total fertig von der langen Anreise. In der überdimensionierten Halle gab es keine Stühle, und die Teilnehmer mußten es sich auf dem harten Boden so bequem wie möglich machen. Die Akustik war entsetzlich, die Lautsprecher schwach und die Luft stickig. Die ganze Sache versprach eine mittlere Katastrophe zu werden.

Dann aber traf Ken Davis ein. Die jungen Leute applaudierten erstmal anstandshalber und lauschten seinen einleitenden Worten mit höflicher Interesselosigkeit. Ken aber ließ sich davon nicht beeindrucken. Er sprach mit echter Begeisterung und Hingabe, und siehe da, in wenigen Minuten hatte er die volle Aufmerksamkeit aller Anwesenden gewonnen. Mit jeder Begebenheit, mit jedem Beispiel wurde das Interesse der Jugendlichen größer. In den nächsten fünfzig Minuten führte er seine Zuhörer durch eine ganze Welt von Gefühlen. Er brachte sie zum Lachen und zum Weinen. Manchmal schrien sie entsetzt auf, manchmal schwiegen sie wie gebannt. Er brachte ihnen seine Botschaft so nahe, daß sie mitten in ihre Herzen traf.

Als Ken mit seinem Vortrag fertig war, standen alle geschlossen auf und applaudierten. Das war mehr als der Auftritt eines guten Redners gewesen. Die ganze Zeit über hatte hier ein Diener Gottes seine Begabung genutzt, um Hunderte von jungen Leuten in eine Begegnung mit Gottes Wort zu führen.

9

Nach Kens Einsatz war die Atmosphäre des Treffens wie verwandelt. Am nächsten Morgen begrüßten die Teilnehmer mich mit gespannter Aufmerksamkeit. Sie hingen geradezu an meinen Lippen. Auch die Musiker konnten feststellen, daß die Schar jetzt begeistert mitsang.

Mit seiner Ansprache hatte Ken Davis aber unendlich mehr geleistet als gute Unterhaltung. Er hatte etwas zu sagen, und das hat er so gut rübergebracht, wie es ihm nur irgend möglich war. Er hatte seine Zuhörer da abgeholt, wo sie standen; sie mußten sich nicht erst mühsam auf eine ihnen eigentlich fremde, weit entfernte Art zu reden einstellen. Er hatte in den abgeschlafften Jugendlichen den Wunsch geweckt, zuzuhören und zu reagieren. Er hatte den Boden für eine der besten Erfahrungen bereitet, die ich jemals bei Vorträgen miterlebt habe.

Immer, wenn ich über diese Woche nachdachte, kam ich zum selben Ergebnis: Wir brauchen mehr Redner, die jungen Leuten so entgegenkommen wie Ken Davis an diesem entscheidenden Abend.

Es gibt natürlich nur einen Ken Davis. Ich wünsche mir auch ganz sicher nicht, daß Gott ihn klont. Außerdem würden Nachwuchs-Redner einen furchtbaren Fehler begehen, wenn sie seinen Stil zu kopieren versuchten. Ken Davis ist Ken Davis. Wir können aber von ihm lernen, ohne ihn zu imitieren. *Kapieren statt kopieren*, lautet die Devise.

Deshalb bin ich froh, daß er dieses Buch geschrieben hat, damit wir die Grundsätze *kapieren* können, die er verfolgt. Denn auch einem Ken Davis sind seine Redefähigkeiten nicht einfach zugefallen. In diesem Buch verhilft Ken uns zu der Erkenntnis, daß ein guter Redner zu zehn Prozent aus seiner Inspiration schöpfen kann, zu neunzig Prozent aber schweißtreibende *Arbeit* investieren muß. Er liefert reichlich Beweise dafür, daß er bei aller Spontaneität seine Ansprachen sorgfältig plant und immer wieder daran feilt, bis sie wirklich „stimmen". Ken zeigt uns, daß die Geschichten, die er zur Illustration der wichtigsten Redeargumente einsetzt, präzise ausgewählt und konstruiert sind und

10

häufig geübt wurden. Qualität kommt eben nicht von ungefähr.

Er macht deutlich, daß eine gute Rede nicht aus der Lust am Unterhalten entspringt, sondern aus dem Bestreben, etwas wirklich Wichtiges mitzuteilen. Auch der berühmte Humor, der seinen Vorträgen das ganz typische „Davis-Aroma" gibt, ist immer Mittel zum Zweck und existiert nicht um seiner selbst willen. Ken zeigt uns also, daß hinter seiner lockeren Art zu reden eine Menge Herzblut, Planung, Übung und vor allem Abhängigkeit von Gott steht.

Schlechte Predigten sind häufig der Grund für verpaßte Gelegenheiten, das Evangelium so darzustellen, daß Menschen auch wirklich etwas damit anfangen können. Und das sollte nicht passieren! Natürlich sind Gespräche auf persönlicher Ebene unersetzbar, aber wir sind genauso auf Menschen angewiesen, die wissen, wie man die Sache Gottes klar und effektiv im größeren Rahmen vermitteln kann.

Wenn Sie wissen wollen, wie man einen Vortrag vorbereitet, der da ankommt, wo er ankommen soll; wenn Sie darüber nachdenken, wie man jungen Menschen das Evangelium möglichst unkompliziert nahebringt, wenn es Ihnen darauf ankommt, so zu reden, daß Jugendliche sich in ihrer Art zu reden wiederfinden, dann wird dieses Buch Ihnen eine unschätzbare Hilfe sein.

Tony Campolo

11

Warum ich dieses Buch geschrieben (und neu bearbeitet) habe

Vor mehr als zwanzig Jahren kamen die ersten Anfragen auf meinen Schreibtisch. Jugendleiter, ehrenamtliche Mitarbeiter, Pastoren und sogar Jugendliche wollten wissen: „Wie kommt es, daß du dich so gut mit Kommunikation auskennst? Wie kann ich lernen, genauso gut zu werden?"

Anfangs waren mir die Anfragen peinlich – teils, weil ich nicht einsehen wollte, daß ich überhaupt gut reden konnte, teils, weil ich eigentlich auch nicht wußte, wie sich gute von schlechten Reden unterschieden. Dann boten mir diverse Unternehmen beträchtliche Honorare für Ansprachen vor den Mitarbeitern an. Außerdem gingen per Telefon mehr Aufträge ein, als ich wahrnehmen konnte. Nun dämmerte mir, daß ich wohl tatsächlich ein gewisses Talent haben mußte (obwohl mir immer noch nicht klar war, worin genau meine Stärken lagen). Inzwischen stapelten sich auf meinem Schreibtisch die Anfragen nach Hilfestellung beim Erwerb von Redetechniken. Ich rang mich also schließlich dazu durch, nach den wesentlichen Elementen guter Kommunikation zu forschen und sie aufzuzeichnen.

Es gibt drei Merkmale guter Kommunikation:

Merkmal Nr. 1:
Erstklassige Kommunikationstechniken erwirbt man sich
nur durch ausgesprochen harte Arbeit.
Die Leute kommen oft mit der Hoffnung auf mich zu, daß ich ihnen irgendeinen Trick verraten kann, wie man plötzlich ein guter Redner wird. Meine Antwort stellt sie selten zufrieden: Ein einziger Lernschritt kann niemals über Nacht zu sensationellen Redekünsten führen.

13

Wenn es auch mancher leichter hat als andere, wird niemand einfach so mit exzellenter Kommunikationsfähigkeit geboren. Solche Fertigkeiten muß man sich durch Ausbildung, Erfahrung und Korrektur *erwerben*. Das dauert seine Zeit, und es ist schlichtweg durch keinen Trick zu ersetzen.

Als ich vor einigen Jahren gefragt wurde, warum ich die Aufmerksamkeit meiner (meist jungen) Zuhörerschaft so fesselte, konnte ich keine eindeutige Antwort darauf geben. Ich dachte, es sei nun mal eine Begabung. Ich unterschätzte meine jahrelange Erfahrung mit Schülern im Rahmen der Arbeit bei „Jugend für Christus". Ich unterschlug dabei Tausende von Ansprachen, die ich vor unterschiedlichsten Zuhörern gehalten hatte. Es war mir nicht mehr bewußt, wie sehr die Konfrontation mit Millionen von Schülern mich geprägt haben mußte. Jede einzelne Ansprache dort war eine Lernerfahrung, ein Übungsfeld. Erst nach tausend Reden fiel den Leuten mein „besonderes Redetalent" auf – ganz einfach weil es sich erst allmählich entwickelt hatte.

Als ich dann den Stoff für dieses Buch beisammen hatte, merkte ich, daß ich noch jede Menge Möglichkeiten für Verbesserungen bei meinen eigenen Vorträgen hatte. Jahrelang habe ich nur am Unterhaltungswert meiner Reden gearbeitet. Wirksame Kommunikation geht aber weit über das Wachrufen von Interesse hinaus. Lacherfolge sind nett, wirken sich aber kaum auf die Lebensqualität aus. Ich mußte mich darauf konzentrieren, die Botschaft noch mehr zu verdeutlichen, die mir anvertraut wurde.

Auch heute noch gebe ich mir Mühe, mich ständig zu verbessern. Kommunikation ist ein so weites Feld, daß man damit nie fertig wird. Man kann immer noch viel daran feilen.

Merkmal Nr. 2:
Gute Kommunikation ist erlernbar.
Als wir unser „Seminar für dynamische Kommunikatoren" entwickelten, konnte ich beobachten, wie Hunderte von Studenten ihre Redetechnik in relativ kurzer Zeit verbes-

14

serten. Was mich jahrelange Erfahrung gekostet hatte, ließ sich in ein paar Tagen vermitteln und sofort anwenden.

Solche Information hat dann ihren Wert, wenn man daran denkt, daß man a) „kapieren" und nicht „kopieren" muß und b) nicht bei der Theorie stehenbleiben darf. Man muß mehr tun als Prinzipien auswendig lernen, die Merkmal guter Redner sind. Es gibt Leute, die haben Kommunikationswissenschaften studiert, können aber nicht mal den Weg zur nächsten Telefonzelle effektiv beschreiben.
Umgekehrt habe ich Männer und Frauen ohne formale Ausbildung kennengelernt, die viele ihrer akademisch gebildeten Zeitgenossen rhetorisch locker in den Schatten stellen. Es ist die Kombination von Wissen, Anwendung und Erfahrung, die für den Knalleffekt sorgt!

Merkmal Nr. 3:
Bei den meisten Lehrgängen zur Vortragsgestaltung fehlt
das „gewisse Etwas".
Bei diesem fehlenden Element geht es um Kommunikation mit dem Herzen. Stellen Sie sich vor, daß Sie zwei Pianisten von gleicher Virtuosität das gleiche Stück spielen hören. Der eine spielt es technisch korrekt, der andere voller Gefühl und Seele. Zweifellos würden Sie das zweite Stück viel mehr genießen. Bei dem einen hört man korrekt gesetzte Töne, bei dem anderen wird man von der Musik angerührt.

Es gibt manche Aspekte einer zu Herzen gehenden Kommunikation, die sich nicht lehren lassen. Sie ergeben sich ganz natürlich aus dem Charakter und der Leidenschaft des Redners. Und doch gibt es Möglichkeiten, an diesem Charakter zu arbeiten und Zugang zu dieser Leidenschaft zu finden. Man kann lernen, eine Beziehung zu den Zuhörern aufzubauen und sensibel auf sie zu reagieren. Das sind die Fähigkeiten, die aus einer gut vorbereiteten Rede eine kraftvolle *Botschaft* machen.

Dieses Buch befaßt sich mit dem gesamten Spektrum von Fertigkeiten, die unsere Kommunikation wirkungsvoller machen. Wenn sich hochkarätige Kommunikation aus harter Arbeit ergibt, dann folgt daraus, daß dieses Buch seinen Lesern nicht die gesamte Arbeit abnehmen kann. Allein die Tatsache, daß Sie dieses Buch lesen, beweist Ihren Willen, sich auf die ganze Sache einzulassen. Ihre Investition besteht in der Bereitschaft, sich Spitzenleistungen etwas kosten zu lassen. Indem ich weitergebe, was Gott mich durch gründliches Studium und dreißig Jahre Erfahrung hat lernen lassen, kann ich Ihnen vielleicht einige Anstöße geben und Ihnen Zeit, schmerzliche Erfahrungen und Einsatz ersparen.

Sie halten ein Buch in den Händen, das in der Originalausgabe bereits vor zehn Jahren erschienen ist und von mir noch einmal komplett neu überarbeitet wurde. Es gibt drei Gründe für diese Neufassung.

Erstens hat es seither bemerkenswerte gesellschaftliche Veränderungen gegeben. Obwohl unsere Botschaft sich inhaltlich natürlich nicht verändert, müssen die Methoden, mit denen wir diese Botschaft mitteilen, mit den gesellschaftlichen Veränderungen Schritt halten. Bevor Missionare ihren Fuß auf fremden Boden setzen, studieren sie monatelang Gebräuche, Sprache und Traditionen der dortigen Kultur, damit ihre „Message" auch bei den Zuhörern ankommt. Sie wollen diesen Menschen dienen, und dazu gehört es, ihnen so weit wie irgend möglich entgegenzukommen.

Wenn Sie mit Jugendlichen arbeiten, dann sind Sie ein Missionar. Auch Sie müssen Sprache und Gebräuche einer fremden und sich ständig verändernden Kultur lernen. Manche Trends oder Ausdrücke in der Jugendszene sind innerhalb von Wochen schon wieder völlig unaktuell. Da

16

kann man sich vorstellen, was für ein Wandel in zehn Jahren vor sich gegangen ist! Vor zehn Jahren war „Hiphop" vielleicht ein Hüpfspiel für Kleinkinder. Vor zwanzig Jahren waren Videorecorder gerade frisch auf den Markt gekommen und Computer den ganz Reichen vorbehalten. Zugang zum Internet – davon hat die Allgemeinheit nicht mal geträumt. Telly Savalas war wegen seiner Glatze berühmt, aber als Schüler hätte man sich niemals mit kahlrasiertem Schädel oder gar mit einrasierten Initialen zur Schule getraut. Heute sind die Köpfe so aussagefähig wie eine Pinnwand. Es wurde höchste Zeit, die Dinge auf den neuesten Stand zu bringen.

Zweitens hat mich die Erfahrung gelehrt, daß ich mich in mancher Hinsicht geirrt habe, hin und wieder sogar gründlich.

Und schließlich habe auch ich mich verändert. Als ich las, was ich das erste Mal zusammengeschrieben habe, war ich froh, daß ich immer noch das meiste verfechten konnte. Die Grundprinzipien haben noch immer ihre Gültigkeit und sind wichtig, wenn man ein Kommunikations-As werden will. Doch ich war überrascht, wie sehr meine Perspektive sich gewandelt hat. Ich stehe immer noch zu diesen Prinzipien, jetzt aber präsentiere ich sie aus einer hoffentlich reiferen und hilfreicheren Perspektive.

Ich wünsche Ihnen viel Gewinn beim Lesen dieses Buches. Ihre Zuhörer verdienen nicht weniger als das Beste. Und als Botschafter des Königs können wir es uns nicht leisten, mit weniger zufrieden zu sein!

Teil 1

Die Vorbereitung: Bevor man den Mund aufmacht

1. Kapitel
Persönliche Vorbereitung

Bevor wir überhaupt den Mund aufgemacht oder den Stift auf das Papier gesetzt haben, steht unser Kommunikationspotential unter dem Einfluß folgender Faktoren: unsere Leidenschaft für die Bedeutung der Botschaft, Verständnis und Engagement für unsere Zuhörer, das Vertrauen darauf, daß man uns zuhört und unsere persönliche Reife.

Die Botschaft:
Warum überhaupt etwas sagen?

Kein Redner in der ganzen Welt hat eine wichtigere Botschaft oder mehr Potential für eine kraftvolle Kommunikation als die Stellvertreter Gottes auf Erden – wir!

Zu diesem Potential gehören sowohl die Botschaft selbst als auch das jugendliche Publikum, dem wir diese Botschaft zu bringen berufen sind. Redner sind immer dann besonders erfolgreich, wenn sie eine wichtige Sache vertreten, an die sie ganz fest glauben.

Ich erinnere mich noch gut daran, wie ich kurz nach meinem Collegeabschluß Fernlehrgänge verkaufte. Mir ging es wie vielen Studenten nach ihrem Abschluß: Ich hatte nichts zu beißen und war äußerst knapp bei Kasse. Für jeden verkauften Kurs gab es eine Kommission von 150 Dollar. Damals war das ein kleines Vermögen. Obwohl das Produkt nicht besonders gut war und dem Kunden wenig zu bieten hatte, konnte ich so einer Verdienstspanne nicht widerstehen. Ich brauchte sieben Tage, in denen ich perfekt einstudierte, was ich für die dynamischste Verkaufspräsentation aller Zeiten hielt. Die Argumentation war so gut, daß ich versucht war, mir selbst einen Lehrgang zu kaufen. Als ich die Präsentation perfektioniert hatte, verkaufte ich gleich den ersten Kurs. Am nächsten Tag verkaufte ich zwei. Mein Kundenkreis war so kauffreudig, daß ich es kaum glauben mochte. Nach fünf verkauften Kursen und dem Vermögen von 750 Dollar in meiner Tasche faßte ich den Mut, den Kurs auch außerhalb der Familie anzupreisen. Die Verwandten waren mir ausgegangen. Nach genau zwei Tagen von Ablehnung und zugeknallten Türen gab ich es auf. Hätte ich ein Produkt verkauft, an das ich glaubte, das meiner Überzeugung nach dem Kunden wirklich helfen konnte, dann wäre ich vielleicht motiviert gewesen, so rauhe Zeiten durchzustehen. Mein einziges Motiv aber war das Geld. Bei den ersten Anzeichen von Widerstand gab ich auf.

Jemand hat einmal gesagt: „Wer aus finanziellen Gründen in die Jugendarbeit einsteigt, hat wahrscheinlich nicht die nötige Intelligenz für diese Arbeit." Geld ist demnach wohl kein Motivationsfaktor. Bei den allermeisten Leuten, die mit Jugendlichen arbeiten, kommt natürlich finanziell sowieso nicht viel oder nichts rüber. Dagegen kann jeder Jugendmitarbeiter von rauhen Zeiten erzählen. Die Jugendarbeit hat wenig Glanzvolles an sich. Sie ist schwierig und oft entmutigend. Keine Rednerschulung, kein Buch oder – selbst wenn es diese Aussicht gäbe – fürstliches Gehalt hilft durch die Zeiten der Dürre. Den jungen Leuten unserer Welt von Gott zu erzählen ist eine Herausforderung, der nichts anderes gleichkommt; so wichtig und dringend ist diese Aufgabe. Nur der unerschütterliche, echte, tiefe Drang, diese Botschaft weiterzugeben, kann uns hier weiterhelfen.

So ungefähr habe ich mich gestern beim Jugendabend gefühlt.

Das Publikum: Wer hört uns zu?

Wir können unsere Aufgabe deshalb so überzeugt angehen, weil wir die Chance haben, das anspruchsvollste und wunderbarste Publikum der Welt anzusprechen. Es ist schlichtweg einzigartig! Einerseits sind junge Menschen feindselig und skeptisch, verwöhnt von einer wahren Flut erstklassiger Unterhaltung. Die traditionelle Religion sagt ihnen nichts. Andererseits sind sie beeinflußbar und in vieler Hinsicht zart besaitet. Sie haben eine ungemeine Kapazität an Treue und Hingabe. Unser Publikum besteht aus menschlichen Baustellen, die sich die meiste Zeit am Tage fragen, was ihre Freunde wohl denken. Über eigene Ziele denken sie sehr wenig nach. Sie wachsen in einer Gesellschaft heran, die sie lehrt, wie man Opfer und Leid möglichst vermeidet. Viele Jugendliche leben nur für sich selbst und den nächstliegenden Nutzen. Sie glauben allzugern, daß sie ewig leben werden, und doch fürchten sie den Tod und versuchen, das ganze Leben auf das Heute zu konzentrieren. Viele Teenager sind einsam, gerade in der Gruppe von Gleichaltrigen. Sie möchten, daß man von ihnen Notiz nimmt, haben aber gleichzeitig panische Angst davor, sich von den anderen zu unterscheiden – es sei denn, die ganze Gruppe macht mit. Viele Vorbilder, die sie sich aussuchen, stehen im direkten Gegensatz zu denen, die die Bibel kennt.

Die eben erwähnten Merkmale sind ständig im Wandel begriffen. Die Nachkriegsgeneration bestand aus jungen Leuten, denen sehr deutlich war, daß der 2. Weltkrieg von einer Waffe beendet wurde, mit der man die ganze Welt zerstören kann. Das war meine Generation. Ich erinnere mich gut an ihre Grundeinstellung: „Iß, trink und sei fröhlich, denn morgen schon kannst du tot sein.“

In den sechziger Jahren wurde eine Generation groß, die sich aktiv in die Politik und moralische Themen einmischte. Viele Kinder dieser Zeit lehnten den Materialismus ihrer Eltern ab und wandten sich gegen das „Establishment“.

Warum zieht ihr euch so an?

Wir wollen anders sein.

In den siebziger Jahren mußte man erleben, wie ein großer Teil der gleichen Generation sich demoralisiert geschlagen gab. Die großen Veränderungen, die man erreichen wollte, kamen nicht zustande. Viele revolutionäre Anführer dieser Tage ließen sich in genau das System einfügen, gegen das sie zuvor gekämpft hatten. In den späten siebziger und frühen achtziger Jahren schlug das Pendel voll zurück: jetzt wuchs eine materialistisch gesinnte Generation heran, die nicht weiter im voraus zu denken gewillt war als bis zur nächsten Party. War vorher aus Rebellion mit Drogen experimentiert worden, so mäßigte sich das Interesse zugunsten altbekannter Abhängigkeiten – Alkohol und Haschisch, um high zu werden. Der Materialismus war wieder „in". Die

24

alten, zerbeulten, besprühten VW-Busse wurden gegen BMWs eingetauscht; Hippies wurden von Yuppies verdrängt.

Die Generation der neunziger Jahre besteht aus desillusionierten und (im wahrsten Sinne des Wortes) demoralisierten Jugendlichen. Sie schwören auf eine Philosophie, in der es keine absoluten Werte gibt. Ohne zwischen Gut und Böse zu unterscheiden, erfreuen sie sich einer Freiheit, die im Grunde gar keine Freiheit ist. In vieler Hinsicht sind sie gebunden. Entweder sind sie starr vor Angst, weil es für sie keine moralischen Grenzen als Lebensanleitung gibt, oder sie sind Gefangene der Folgen eines solchen grenzenlosen Lebens. Sie haben weniger von ihren Eltern gesehen als jede Generation vor ihnen, dabei aber mehr vom Bösen in dieser Welt. Sie erleben eine hektische Entwicklung in der Welt mit. Kriege, Aufstände, Mordprozesse, Terroranschläge ereignen sich in schnellerer Folge, als ein Teenager verarbeiten kann. Die Politiker haben jegliche Glaubwürdigkeit und damit Vorbildfunktion verloren. Es gibt keine Helden mehr. Die Jugendlichen sind dringend auf Liebe, auf Richtungsweisung und einen Sinn für ihr Leben angewiesen. In einer relativistischen Welt haben sie keinen Anhaltspunkt für ihr Leben. Wenn es je eine verlorene Generation gab, dann ist es die heutige.

Es ist nicht einfach, dem Wandel in unserer Jugendkultur auf der Spur zu bleiben

Wir müssen uns vor der Denkfalle hüten, daß die Methoden vom letzten Jahr auch dieses Jahr noch ziehen. Um dranzubleiben, kann man zum Beispiel lesen. Wer in die heutige Jugendkultur hinein etwas zu sagen haben will, muß unbedingt informiert sein. Die Trends in Einstellung und Verhalten der Teenager lassen sich in Zeitschriften, psychologischen Neuerscheinungen, Jugendmagazinen und Befragungsergebnissen zur Jugendkultur nachlesen. (Ein Buch-Tip zum Thema: „Generation X – Erben einer kalten Welt" von William Mahedy & Janet Bernardi, erschienen im Verlag Projektion J. Das Buch beleuchtet die Situa-

25

tion und die Bedürfnisse heutiger Jugendlicher im Hinblick auf die Möglichkeiten und Aufgaben, die die Kirche ihnen gegenüber daraus ableiten kann und muß. Sehr empfehlenswert!).

Auch durch Zuhören können wir auf dem laufenden bleiben. Die Musik ist schon immer ein Spiegel der Ansichten und Einstellungen einer Kultur gewesen. Auch wenn uns Denkweise, Richtung oder Stil der Musik nicht zusagen, die von den Jugendlichen gehört wird, können wir beim Zuhören trotzdem profitieren: Es verhilft uns zum Verständnis ihres Denkens und Verhaltens. Fragen Sie immer wieder nach, welche Sender und Sendungen bei Teenagern beliebt sind. Fragen Sie sich: „Welche Bedürfnisse werden von diesen Programmen angesprochen?" Manche beliebten Sendungen, zum Beispiel die allgegewärtigen Seifenopern wie „Beverly Hills 90210" oder „Gute Zeiten, schlechte Zeiten" sind alles andere als Qualitätsware. Warum gucken sich die jungen Leute das trotzdem an?

Selbst wenn wir jede Studie über die Jugend von heute gelesen, jede Fernsehsendung gesehen haben, die für Teenager gemacht wird, in jede CD hineinhören, die in die Charts kommt, können wir trotzdem Entscheidendes vergessen, das zum Verstehen gehört – wenn wir die Welt der Jugendlichen von außen betrachten.

Wenn Missionare eine neue und fremdartige Kultur verstehen wollen (und die Jugendkultur ist immer neu und fremdartig), dann müssen sie sich aufmachen und mitten unter den Menschen dieser Kultur *leben*. Wir können uns erst dann mit den Bedürfnissen der Teenager identifizieren, wenn wir sie in ihrem Lebensbereich sehen – in ihrem Zuhause, bei ihren Hobbys, Partys, Sportveranstaltungen – und wenn wir ihren Gesprächen, Witzen und Träumen zuhören. Wenn wir dort leben, wo sie sind, werden wir nicht von ihnen abgehängt. Begnügen wir uns mit der Rolle des Förderers oder des Erforschers von jugendlichem Verhalten, dann verlieren wir den Kontakt, und unsere Zuhörer sind anders, als wir glauben. Wenn wir uns auf den Wandel nicht einstellen, wird unsere Botschaft nicht gehört. Aus uns werden altmodische Redner, die von altmodischen Auftraggebern beklatscht werden, ihrer eigentlichen Klientel aber entfremdet sind.

Die Botschaft von Gottes Liebe und Vergebung mit ihrem Potential, Leben zu verändern, bleibt immer die gleiche, aber unsere Methoden zur Weitergabe dieser Botschaft müssen ständig aktualisiert werden!

Die heutige Teenager-Generation ist materiell besser ausgestattet als jede andere in der Geschichte. Sie hat Zugang zur besten Unterhaltung, die die Welt zu bieten hat. Klar, wir müssen alles tun, um unsere Programme unterhaltsam und interessant zu gestalten. Früher oder später werden wir aber feststellen, daß wir mit den Möglichkeiten Hollywoods (an deren Niveau die Jugendlichen gewöhnt sind) nicht konkurrieren können. Punktum. Trotzdem gibt es einen Hoffnungsschimmer. Wenn man genau hinschaut, offenbart sich, daß Fernsehen, Filme, Computerspiele und andere Annehmlichkeiten unseren Kindern nicht das bieten, was sie am dringendsten brauchen. Trotz aller dieser netten Unterhaltung gibt es eine alarmierend hohe, steigende Selbstmordrate. Jedes Jahr versuchen in den USA fast 500.000 Teenager, sich das Leben zu nehmen. Zahllose andere leben nur für den Augenblick und treffen Entscheidungen, mit denen sie sich ihrer Zukunft berauben. Andere stolpern in stiller, hoffnungsloser Verzweiflung durch das Leben und verstecken sich vor der Wirklichkeit, indem sie in einer Welt aus Phantasie, Partys und Unterhaltung aufgehen.

Kein einziger Vorteil, den sie gegenüber vorhergehenden Generationen genießen, trägt den tiefen Bedürfnissen Rechnung, die jeder Mensch tief in seinem Herzen trägt: ein unersättlicher Hunger nach bedingungloser Annahme und Selbstwertgefühl und die Sehnsucht, einbezogen zu werden. Sie müssen erfahren, daß sich jemand um sie küm-

27

mert, und in eine tiefe Beziehung zu Gott geführt werden, der sie liebt. Was für eine Aufgabe!

> Wir kennen eine Botschaft der Hoffnung. Wir können eine Gemeinschaft der Liebe und Fürsorge bieten, gegen die jedes noch so tolle Video blaß aussieht. Was Christus geben kann, stillt die tiefsten Bedürfnisse. Doch die Jugendlichen von heute müssen sich aus allen Ecken einander widersprechende Botschaften anhören. Unsere Stimme ist nur eine von vielen, die nach Aufmerksamkeit schreien. Warum sollten sie ausgerechnet auf uns hören?

Die Methode:
Wie verschaffe ich meiner Stimme Gehör?

Inmitten harter Konkurrenz aus allen Richtungen stehen wir vor der Frage, wie man an die Jugendlichen herankommt. Jim Green, altgedienter Jugendarbeiter, forderte mich zu einem Gruppenexperiment auf, mit dem verdeutlicht werden sollte, wie wir unsere Stimme im Getöse hörbar machen können. Es handelte sich um ein Experiment in drei Phasen mit mehr als hundert Studenten, die nach dem Ende ihrer Ausbildung in die Jugendarbeit einsteigen wollten.

In der ersten Phase wurde ein Freiwilliger ausgewählt, der eine Augenbinde verpaßt bekam. Wir sagten ihm bloß, daß er bei seiner Rückkehr in den Raum alles tun dürfe, wozu er Lust habe. Während er draußen wartete, gaben wir den Zuhörern die Anweisung, daß sich jeder eine einfache Aufgabe für den Freiwilligen ausdenken solle (etwas, das im Hörsaal ausgeführt werden konnte). Bei seiner Rückkehr sollten sie ihm von ihrem Sitzplatz aus die jeweilige Anweisung zurufen. Vorher aber hatten wir insgeheim einen zweiten Freiwilligen beauftragt. Er sollte den Studenten mit der

28

Binde von der „lebenswichtigen Aufgabe" zu überzeugen versuchen, die Treppe am Ende des Hörsaals zu besteigen und einen Mitarbeiter zu umarmen. Der miese Trick dabei: Er mußte ihm diese dringliche Botschaft von seinem Platz im Hörsaal aus zurufen.

Der Wartende hatte von diesen Aufträgen und Vorbereitungen keine Ahnung.

Der Ausgewählte repräsentierte unsere Jugendlichen, das Publikum die stimmgewaltige Welt, die ihre Aufmerksamkeit fordert. Der Student mit der wichtigen Botschaft vertrat diejenigen unter uns, die den Jugendlichen das Evangelium bringen.

Jetzt begann Phase eins, und der Student mit der Augenbinde wurde in den Hörsaal geführt. Ein Höllenlärm setzte ein. Jeder versuchte, den Freiwilligen zum Ausführen seines oder ihres jeweiligen Auftrags zu bewegen. Inmitten der Menge ging die Stimme des anderen Freiwilligen mit der wichtigen Botschaft völlig verloren; denn einzelne Stimmen waren überhaupt nicht zu hören. Der Student mit der Augenbinde war vor Verwirrung und Unentschlossenheit wie gelähmt. Beim Versuch, in dieser Menge eine klare und unmißverständliche Stimme zu hören, bewegte er sich rein zufällig und ohne erkennbare Absicht durch den Raum.

Nach ein paar Minuten war die erste Phase vorbei. Wir schickten den Freiwilligen aus dem Raum und verglichen diese Erfahrung mit unserer Situation als Kommunikatoren in der Jugendarbeit. Unsere wichtige Botschaft, und sei sie noch so redegewandt vorgebracht, geht inmitten des Sperrfeuers anderer Stimmen häufig verloren. Ständig hämmern einander widersprechende und verwirrende Botschaften auf die Jugendlichen ein.

Nach kurzer Besprechung läuteten wir die zweite Phase unseres Experimentes ein. Jetzt wurde ein anderer aus dem Publikum bestimmt, der eine neue Dimension hinzufügen würde. Diese Person sollte den Freiwilligen um jeden Preis daran hindern, die Aufgabe auszuführen, die der erste „Einzelkämpfer" durchsetzen sollte. Während die anderen sitzen

29

blieben, wurde den beiden Mitspielern erlaubt, sich neben den Freiwilligen zu stellen und ihm die gegensätzlichen Aufträge zuzurufen. Sie durften ihm so nahe kommen, wie sie wollten; es war ihnen aber nicht gestattet, den Freiwilligen zu berühren.

Als der Freiwillige mit seiner Binde in den Hörsaal zurückgeführt wurde, setzte das ohrenbetäubende Geschrei wieder ein. Ich konnte mich bei dem Lärm nicht einmal mehr denken hören! Diesmal vernahm der Freiwillige beide Aufträge, weil die beiden Boten so nahe standen. Doch weil die Botschaften einander widersprachen, blieb er unschlüssig. Er fing an, die eine zu befolgen, ließ sich dann aber von der anderen Person überzeugen, in die Gegenrichtung zu gehen. Nach ein paar Minuten Hin und Her brachen wir die zweite Phase ab und führten den Freiwilligen wieder hinaus.

Als Gruppe besprachen wir dann die unheimliche Parallele zu unserer eigenen Situation: Damit die Jugendlichen unsere Botschaft hören, müssen wir ihnen nahe kommen. Trotzdem gibt es immer noch andere mit entgegengesetzten Botschaften, die auch nahe genug sind, um sich Gehör zu verschaffen. Manchmal sind es Gleichaltrige, manchmal Angehörige, oft aber einfach Menschen, die auf das Portemonnaie unserer Teenager aus sind. Häufig reagieren die Jugendlichen genauso wie unser Freiwilliger. Einen Tag lang sind sie in einer Sache engagiert, am nächsten Tag geben sie dem Druck der anderen Stimmen nach. Die Hauptlehre aus der zweiten Phase lautete also: Nur Stimmen aus nächster Nähe werden wahrgenommen. Auch wenn der Freiwillige sich zu keiner Handlung entschließen konnte, hörte er zumindest die Botschaft.

Die Reaktion auf die dritte Phase war aufrüttelnd. Hier blieb alles beim alten, nur durfte die Person mit der wichtigen Botschaft den Freiwilligen berühren. Er sollte ihn weder ziehen, schieben oder ihm sonstwie seinen Willen aufzwingen, ihn immerhin aber berühren und ihm damit Mut machen. Der Freiwillige mit der Binde wurde in den

30

Saal geführt. Als er erschien, brach wieder das ohrenbetäubende Gebrüll los. Die beiden Botschafter stellten sich dicht neben den „Blinden" und riefen ihm die gegensätzlichen Worte zu. Dann legte die Person mit der wichtigen Botschaft dem Freiwilligen den Arm sanft auf die Schulter und sprach ihm ihren Auftrag direkt ins Ohr.

Fast ohne Zögern kam der Freiwillige dem Auftrag nach. Gelegentlich hielt er inne, weil die anderen ihn wie wild zu überzeugen versuchten, wieder umzukehren. Doch dann ging er wieder weiter, weil er die Berührung des Botschafters mit dem wichtigen Auftrag spürte. Die Situation wurde erschreckend real, als die beiden ihrem Ziel ganz nahe waren. Alle im Publikum, die bisher ihren jeweils eigenen Auftrag gebrüllt hatten, schlossen sich jetzt einstimmig dem anderen „Einzelkämpfer" an, um den Freiwilligen von den letzten Schritten abzuhalten.

Mich überkam eine Gänsehaut, als alle Studenten im Chor riefen: „Tu's nicht! Tu's nicht! Tu's nicht!" Allzu oft hatte ich verspürt, wie die Kräfte, die unsere Jugend in unterschiedlichste Richtungen ziehen, sich dazu vereinen, sie von einer ernsthaften Entscheidung für Gott abzuhalten. Der Singsang wurde immer lauter: „Tu's nicht! Tu's nicht!" Doch keinen Augenblick lang entzog der eine mit der wichtigen Botschaft dem Freiwilligen seinen Arm. Auf der letzten Stufe hinten im Hörsaal flüsterte er ihm noch einmal den Auftrag zu. Es gab eine kleine Verzögerung, doch dann umarmte der Freiwillige den Mitarbeiter, und das Publikum brach in Jubel und Beifall aus. Es gab so manches feuchte Auge im Saal, weil vielen von uns die Wahrheit naheging, die uns gerade vor Augen geführt worden war.

DROGEN

PARTY!

Tu, was dir Spaß macht

Pornographie

SEX!

Gott liebt dich

Bei diesem Experiment wurde deutlich, daß es nicht reicht, wenn wir unsere Botschaft aus den Winkeln der Kirchen zu verkünden versuchen. Wir müssen möglichst nahe an die herankommen, denen wir etwas zu sagen haben. Wenn es uns wirklich darauf ankommt, daß unsere Jugendlichen sich zu einer Veränderung in ihrem Leben entscheiden, müssen wir auf sie zugehen, sie an der Hand nehmen und sie zu dieser Entscheidung führen. Wir fragten den Freiwilligen, warum er dem gefolgt sei, der ihn berührt hatte. Nach kurzem Nachdenken sagte er: „Weil ich das Gefühl hatte, daß er der einzige war, der sich wirklich um mich kümmerte."

Vor ein paar Jahren habe ich mich für das Thema „Gedächtnis" begeistert – wahrscheinlich, weil ich mir noch nie etwas merken konnte. Ich eignete mir eine Technik an, mit deren Hilfe ich dreihundert Namen von Menschen auswendig lernen konnte, die mir nur einmal begegnet waren. Mit diesem Geheimnis gewappnet zog ich aus und hielt bei einem Jugendferienlager in Florida Vorträge. Als die jungen Leute an jenem ersten Abend in den Speisesaal strömten, begrüßte ich jeden einzelnen an der Tür und fragte nach seinem Namen. Mit meinem neuen System prägte ich mir die Namen von mehr als zweihundert Teilnehmern ein. Nur bei drei oder vier von ihnen mußte ich noch einmal nachfragen. Die ganze Woche lang begrüßte ich jeden Teilnehmer mit Namen, wenn ich ihn sah. Ich betrachtete meine Erfahrung als interessanten Beweis für die Lerntechnik und als Möglichkeit, Jugendliche zu beeindrucken. Doch die Teilnehmer sahen viel mehr darin: Noch nie in meiner ganzen Laufbahn hatte ich eine effektivere Woche erlebt. Die Reaktion dieser Teenager auf meine Vorträge und ihre Offenheit mir gegenüber war beispiellos. Sie hatten das Gefühl, daß sie mir mehr bedeuteten als einfach irgendwelche Ferienlagerteilnehmer. Und ich war in ihren Augen mehr als bloß ein Redner. Ich galt als Freund, der sie mit Namen kannte. Meine Stimme fand Gehör, meine Botschaft wurde angenommen, weil ich sie angerührt hatte.

Jahr für Jahr bekomme ich Hunderte von Briefen und Anrufen von jungen Männern und Frauen, die Jugendarbeit machen wollen. Ich erinnere sie immer wieder daran, daß Podium oder Bühne nicht die Fronten der Jugendarbeit ausmachen. Am wirkungsvollsten erreichen wir Teenager dann, wenn wir in ihrer Nähe wohnen, die gleichen Schmerzen und Freuden wie sie spüren und ihnen aufhelfen können, wenn sie fallen. Der alltägliche Kontakt, wie ihn nur ein Jugendmitarbeiter bieten kann, ist die entscheidende Front dieses „Kampfes". Inmitten eines tosenden Stimmenmeeres verschaffen wir uns Gehör, indem wir die Jugendlichen berühren und für sie da sind.

Der Botschafter: Guck mal, wer da spricht!

Wenn wir die Bedeutung unserer Botschaft klar verstanden haben und über unser Publikum Bescheid wissen, wenn wir außerdem wissen, wie wir unserer Stimme Gehör verschaffen, dann müssen wir uns fragen, wie wir uns auf diese Aufgabe vorbereiten können. Im folgenden werden vier wesentliche Merkmale für eine wirksame Kommunikation genannt.

Wir müssen praktizieren, was wir predigen!
Unser Leben ist die wichtigste Veranschaulichung der Botschaft, die die meisten Jugendlichen wahrnehmen. Unser tägliches Handeln ist ein lebendiges Zeugnis für die Wahrheit und Kraft unserer Botschaft – oder für das Gegenteil!

> Die effektivsten Kommunikatoren, die ich kenne – Menschen, die tatsächlich etwas im Leben ihrer Zuhörer bewirken –, sind nicht unbedingt redegewandt. Aber sie glauben so sehr an die eigene Botschaft, daß sie danach leben und sie leidenschaftlich vermitteln.

34

Einmal erlebte ich den Vortrag eines sehr beredten und charismatischen Jugendpredigers mit. Er brachte viele neue Jugendliche in die Kirche. Was wir aber nicht wußten: sein persönliches Leben ließ die Freude und die Weisheit vermissen, von der er immer sprach. Als meine Freunde und ich merkten, daß hinter seinen Worten nichts stand, ließ uns seine Redegewandtheit kalt, und seine Predigten klangen hohl.

Ganz anders folgendes Erlebnis: Einmal wurde ich gebeten, ein Ehepaar aus einer ländlichen Kleinstadt für die Jugendarbeit auszurüsten. Die beiden waren ein reizendes Paar, aber ich hatte nicht den Eindruck, daß sie über die Art Aufgewecktheit und Raffinesse verfügten, die ich damals für wesentliche Eigenschaften von Jugendmitarbeitern hielt. (Man muß ja schließlich ganz schön „cool" sein, wenn man sich Teenagern aussetzen will!) Ich kann mir nicht vorstellen, daß irgend jemand die beiden als „cool" bezeichnet hätte – aber sie waren *echt*. Sie hatten einen einfachen Glauben, der in ihrem Alltag ganz praktisch sichtbar wurde. Zu diesem Glauben gehörte eine unstillbare Liebe für die jungen Leute, mit denen sie zu tun hatten. Und das Ergebnis war eine Jugendarbeit, die die meisten von uns „coolen", straßengewandten Typen in den Schatten stellte. Niemand wird den beiden hohe Summen bieten, damit sie zu Vorträgen anreisen, aber ich habe Scharen von Teenagern kennengelernt, die ihnen bis in die Ewigkeit dankbar sind, weil sie ihre fürsorgliche Liebe spüren durften. Durch die Liebe dieses Paares und ihren gelebten Glauben ist etwas passiert, das mit der makellosesten Ausbildung und Redegewandtheit nicht zu erlangen ist. Die beiden haben praktiziert, was sie predigten.

Ich war erst seit kurzem als Redner bei Firmenseminaren tätig, als ich von einer großen Verkaufsveranstaltung in unserem Bundesstaat erfuhr. Ein paar Tausend Handelsvertreter waren geladen, und ich wollte unbedingt meine Chance wahren, zu diesem Publikum zu sprechen. Meiner Meinung nach waren die letzten Konferenzredner dort nicht

35

gerade dynamisch aufgetreten. Ich wußte, daß ich diese Leute viel besser zu noch größeren Verkaufsumsätzen motivieren konnte. Als ich den Vorsitzenden darauf ansprach, war er begeistert von der Aussicht, mich als Redner zu engagieren. Als Bedingung verlangte er aber, ich müsse mich als Handelsvertreter anstellen lassen. Das hätte mir mehr Zeit und finanzielles Engagement abverlangt, als ich zu geben bereit war. Also bekam ich keine Redezeit.

Eine Weile war ich ziemlich enttäuscht. Als ich aber etwas nachgedacht hatte, mußte ich dem Vorsitzenden Recht geben. Wie hätte ich eigentlich von den Zuhörern ein Engagement verlangen dürfen, das ich selbst nicht eingehen wollte? Wir müssen praktizieren, was wir predigen.

Sei du selbst!
Ich erinnere mich an einen jungen Mann, der gerade als Jugendpastor für eine große Kirche eingestellt worden war. Als wir miteinander plauderten, fiel mir auf, wie intelligent er war und wie natürlich er sich dabei gab. Ich freute mich auf seinen Vortrag am Abend, wo er vor einer großen Gruppe von Teenagern reden sollte. Sein Konzept war interessant und vielseitig, und es war schon beeindruckend, wie er die Versammlung leiten konnte. Als er zur Bibel griff, um mit der Predigt anzufangen, setzte eine seltsame Verwandlung bei ihm ein. Vor meinen Augen wurde aus ihm eine jüngere Ausgabe von Billy Graham – komplett mit Billy Grahams Gesten, dem typischen Griff zur Bibel, seiner Stimme und Satzmelodie, einfach allem! Die einzigartige Begabung und die Führungsqualitäten, die er erahnen lassen hatte, waren einfach weg. Und kurz nach Beginn seiner Ansprache hörte ihm dann auch schon niemand mehr zu. Das Publikum blieb höflich, aber offensichtlich schenkte ihm niemand mehr wirklich seine Aufmerksamkeit. Von den wenigen, die immer noch Interesse zeigten, bekam meiner Meinung nach keiner etwas von der Botschaft mit, weil man sich zu sehr auf die zugegebenermaßen ausgezeichnete Imitation von Billy Graham konzentrieren

36

mußte. Die Billy-Graham-Imitation stellte die eigentliche Botschaft in den Schatten.

So extrem dieses Beispiel ist, verdeutlicht es doch mein Anliegen: Sei du selbst!

> Man braucht sich keine weinerliche, rührselige oder besonders „pastorale" Predigtstimme anzueignen. Man braucht keine zerfurchte Stirn, keine künstliche Autorität. Bleiben Sie, wer Sie sind! Man verwässert nur die eigene Wirkung, wenn man Stil oder Gesten von anderen zu kopieren versucht. Der Botschafter sind Sie! Die Teenager finden Ihre Ähnlichkeit mit irgendeinem berühmten Redner vielleicht ganz witzig, aber wenn es darum geht, sich von Gottes Wort beeindrucken zu lassen oder um persönliche Hilfe und Rat zu bitten, zieht man jemanden vor, der real, der echt ist.

Schon als Kind fiel mir das weinerliche Vibrato in den Gebeten von Männern, die im wirklichen Leben ganz normal reden konnten, unangenehm auf. Warum wurden sie im Gespräch mit Gott auf einmal jemand anders? Ich spreche jetzt auch junge Leute an, die von sich sagen: „Ich weiß nicht, wie man betet." Sie nehmen an, daß man „richtig" nur dann betet, wenn man die Stimme beben läßt, sich einer historisch vorgeprägten Satzstellung bedient und eines „geistlichen" Stimmfalls befleißigt. Viele Teenager kommen unter anderem deshalb zu dem fatalen Schluß, daß das Christsein nicht in die Gegenwart paßt und nichts mit ihrem Leben zu tun hat!

Wenn jemand versucht, einen anderen nachzuahmen, zeigt er damit, daß er mit sich selbst nicht zufrieden ist. Natürlich gibt es Situationen, in denen man in eine Rolle schlüpft, um etwas zu verdeutlichen. Insgesamt aber sollten die Jugendlichen den gleichen Menschen vor Augen haben, ob er ihnen nun das Wort Gottes nahezubringen versucht oder seinen Alltag bewältigt. Sie können sich alle möglichen

Techniken aneignen, um die Botschaft eindrucksvoll zu gestalten – aber bleiben Sie dabei, wer Sie sind. Die wertvollsten Gemälde der Welt sind Originale, keine Kopien.

Es wäre auch verkehrt zu glauben, Sie müßten sich selbst wie ein Teenager benehmen, um sich Gehör zu verschaffen. Wir leben in einer Welt, in der die Kids oft Angst davor haben, älter zu werden. Diese Angst stammt häufig daher, daß sie Erwachsene beobachten, die sich vor dem Erwachsensein fürchten. Sie sehen viele frustrierte Erwachsene, die sich wie Kinder benehmen. Man kann sich ruhig auf jeden Spaß einlassen, dabei aber bleiben, wer man ist. Teenager müssen Erwachsene vor Augen haben, die sich als Erwachsene wohl fühlen. Wenn junge Leute Hilfe brauchen, würden sie ihr Vertrauen niemandem schenken, den sie für unreif halten.

Sie wenden sich an jemanden, der den Eindruck macht, sie zu verstehen, aber trotzdem das Wissen und die Selbstsicherheit eines Erwachsenen vorweisen kann und sich nicht wie ein Teenager benimmt, um den ersehnten Beifall zu bekommen.

Wenn manche Erwachsene sich wie Kinder benehmen, so ziehen sich manche sogar wie Kinder an. Mode ist ein Element der Kommunikation, das uns vielleicht unwichtig erscheint. Der gesellschaftlich bewußte Teenager aber legt viel Wert darauf. Einmal habe ich meine (noch nicht erwachsene) Schwester gefragt: „Wann hörst du bei einem Vortrag zu?"

Ihre Antwort: „Wenn der Typ in einem grauen Polyestersakko mit schmalem Lederschlips auftritt, kommt kein einziges Wort bei mir an."

Wir brauchen weder übergroße Hosen, die in den Kniekehlen hängen, noch müssen wir uns die Zunge piercen, um bei Jugendlichen anzukommen, die sich diese Modemerkmale angelegt haben. Es geht ja nicht darum, sich vor

Warum nimmt mich keiner ernst?

den Jugendlichen zum Affen zu machen. Doch ein Jugend-mitarbeiter, der durch seine Kleidung signalisiert, hoffnungslos hinter dem Mond zu leben, ist in keiner Hinsicht attraktiv für Teens. Sie müssen den Eindruck vermitteln, zu wissen, was in der Szene gerade angesagt ist – auch klamottenmäßig –, daß Sie sich aber davon nicht Ihren Stil diktieren lassen. Wie Sie das im Einzelnen machen, ohne auf jeden Modespleen einzugehen? Da kann ich Ihnen leider auch nicht helfen. Sie müssen Ihren ureigenen Stil entwickeln, diesen Balanceakt zu vollführen.

Kommen Sie aus sich heraus, gehen Sie auf Späße ein, aber als Erwachsener. Beweisen Sie, daß auch Erwachsene ihren Spaß haben und daß das Leben (wie die Teens es sehen) keineswegs an Ihnen vorbeigeht – nur daß Sie ihm eben mit Ihrem ganz eigenen „Ding" begegnen.

Wenn man so sein will, wie man ist, sollte man allerdings erstmal wissen, wer man ist. Sind Sie meist lustig und schlagfertig, reißen gerne einen Witz und sind Mittelpunkt auf jeder Party? (Keine Angst vor einem ehrlichen Ja!) Dann ist das Ihr Wesen, und Sie sind etwas Besonderes. Diese Einzigartigkeit zeigt sich in allem, was Sie tun.

Ein guter Freund von mir hat genauso viel Spaß an witzigen Auftritten und humorvollen Szenen wie ich. Er wird aber oft als Redner bei eher formellen Anlässen engagiert. Er verhält sich dann auch angemessen ernsthaft und macht seine Sache sehr gut, doch aus jedem Knopfloch strahlt der Übermut hervor – augenzwinkernd illustriert er seine Rede mit trockenem Humor. Er lehrt und predigt ganz ernsthafte Dinge, tut aber dabei nicht plötzlich so, als sei er der Ernst in Person. Er läßt sein eigentliches Wesen trotzdem erkennbar werden.

Umgekehrt ist es eine höchst traurige und bedauernswerte Angelegenheit, wenn ein Redner über keinen natürlichen Humor verfügt, aber den Kasper spielt. Es ist nichts

40

Schlechtes daran, wenn man ernst ist. Ich kann mir nicht vorstellen, wie ein Apostel Paulus sagt: „Ey, kennt ihr den schon? Kommen zwei Juden in eine Kneipe..."

Vielleicht konnten Petrus oder Andreas so etwas bringen, aber nicht Paulus. Wenn er einen Sinn für Humor gehabt hat, wäre er damit doch im Rahmen seines eigentlichen Wesens geblieben. Wahrscheinlich war ihm eine eher feine, ironische Art des Witzes eigen. Ich würde wetten, daß er auch richtig lachen konnte, wenn ihm danach zumute war.

An anderer Stelle in diesem Buch möchte ich darauf eingehen, wie man in einer Rede Humor einsetzen kann, ohne den eigenen Stil und die Persönlichkeit zu vergewaltigen. Ich kenne ein paar ausgezeichnete Jugendpastoren, die schon über fünfzig sind. Sie wirken nicht unbedingt brüllend witzig, haben aber gelernt, im Rahmen ihrer Persönlichkeit Humor zur Geltung zu bringen. Sie versuchen nicht, als jemand anders aufzutreten als der, der sie sind.

Häufig sprechen mich Jugendleiter, Pastoren und andere an, bei denen die Vortragskunst zum Berufsbild gehört: „Ken, wenn ich doch nur deinen Humor hätte! Wie gern würde ich ein Publikum so fesseln können wie du."

Ironischerweise habe ich mir oft die Kenntnisse eines großen Bibelgelehrten gewünscht. Früher wollte ich unbedingt bekannt werden als jemand, der sich ernsthaft mit Bibelauslegung beschäftigt. Obwohl ich aber auch in gewisser Form Theologie betreibe und biblische Wahrheiten klar und deutlich ausspreche, ist mir klar geworden, daß man niemals einen tiefschürfenden Theologen in mir sehen wird. Ich weiß, wer ich bin. Mir sind sehr deutlich die Gaben bewußt, die mir verliehen worden sind. Nach wie vor werde ich intensiv danach streben, fundiertes biblisches Wissen zu vermitteln. Dabei aber wird mein wahres Ich immer wieder zum Vorschein kommen. Und das ist gut so!

Die Ehre muß Gott bekommen
Zu den schönsten Edelsteinen der Welt gehört der Diamant. Seine Brillanz beruht darauf, daß er strahlt. In seinem Fun-

41

keln liegen alle Farben des Regenbogens. Ein Diamant glänzt deshalb so schön, weil er fast das gesamte Licht reflektiert, das auf ihn fällt. Ein gewöhnlicher, grauer Stein andererseits schluckt fast das ganze Licht. Man erlebt es nicht gerade oft, daß sich die Leute mit „Oh"- und „Ah"- Rufen um einen gewöhnlichen Stein versammeln.

Ein Redner kann allzu leicht das gesamte Licht um ihn her absorbieren. Wirksame Kommunikation ist ein Macht- mittel. Es ist ehrlich gesagt ein erhebendes Glücksgefühl, wenn man das Publikum in der Hand hat. Das kann einem richtig zu Kopfe steigen. Man verbucht Aufmerksamkeit und Lob in der irrigen Annahme auf das eigene Konto, man werde dadurch irgendwie wichtiger und brillanter. Tatsäch- lich ist unsere *Botschaft* voller Leben und Licht. Wenn wir die Bewunderung und das Lob des Publikums nicht schlucken, sondern Jesus überlassen, dann werden wir der Nichtigkeit unseres Daseins enthoben und reflektieren sei- ne Liebe mit der Leuchtkraft eines Diamanten!

Solche Gegensätze lassen sich kaum deutlicher beobach- ten als auf einer Veranstaltung, bei der mehrere christliche Musikgruppen auftraten. In christlichen Kreisen hatten die- se Gruppen es zu einer gewissen Berühmtheit gebracht. Nach der Veranstaltung stürmte die Schar der Fans also die Bühne, um Autogramme zu bekommen und vielleicht ein paar Worte mit den Musikern zu wechseln. Ein junger Musiker ließ mit Gesten und Worten durchblicken, daß er sich dieser Verehrung der Jugendlichen durchaus für würdig erachtete. Er sagte, der „Gig" habe ihn unheimlich er- schöpft; für Autogramme sei da nicht mehr viel Zeit. Ein solches Maß an Egoismus wirkte empörend auf die Fans, so daß sich die eigenen Bewunderer von ihm abwandten. Ei- nen Teenager hörte ich sagen: „Ich schätze, er selbst ist sein größter Fan."

An der Bühnenseite gegenüber schrieb eine andere Gruppe Autogramme. Statt die eigene „Größe" zu feiern, nutzten sie ihre Beliebtheit, um den Jugendlichen zu die- nen. Ein Musiker dieser Gruppe saß eine Viertelstunde bei

42

einem gelähmten Jungen, der wegen des Autogramms im Rollstuhl hergeschoben worden war. Der nächste hockte im Schneidersitz auf dem Boden und gab sich mit den Fragen eines ratsuchenden Teenagers ab. Diese Leute gaben etwas von sich preis und kümmerten sich um ihre Zuhörer. Der Kontrast zwischen den beiden Gruppen war vielen Besuchern aufgefallen. Die eine war eine Gruppe von Kohlenbriketts – sie hatten das Potential, Diamanten zu sein, schluckten aber sämtliches Licht, weil sie auf einer frühen Entwicklungsstufe stehengeblieben waren. Die andere Gruppe setzte sich aus geschliffenen, funkelnden Diamanten zusammen.

Also: Wir müssen das Licht zurückstrahlen lassen!

Das Beste geben

Glauben wir wirklich daran, daß wir die größte Botschaft der Welt haben? Sind wir überzeugt, daß die jungen Leute, denen wir dienen, darauf angewiesen sind? Dann müssen wir danach streben, in jeder Phase der Vorbereitung und Darbietung dieser Botschaft unser Bestes zu geben. Wenn wir Repräsentanten des Königs der Könige sind, des Herrn aller Herren, und mit der Verkündigung seiner alles verändernden Liebe und Gnade betraut wurden, dann ist an Mittelmäßigkeit einfach nicht zu denken!

Bei allem Bestreben, unser Bestes zu geben, sollten wir dennoch nie Gottes Anteil daran vergessen. Jugendarbeit ist viel mehr eine Berufung als ein Beruf. Auch wenn wir für unsere Leistung verantwortlich sind, ist es Gottes Segen, der die Früchte dieses Dienstes bewirkt. Mose stotterte und war als Redner ziemlich erbärmlich; auch Paulus gab zu, daß er nicht eben wortgewaltig sei. Tatsächlich waren seine Vorträge so langweilig, daß jemand deshalb gestorben ist! Erinnern Sie sich an Eutychus, den jungen Mann, der während einer Rede des Paulus einschlief? Er fiel aus dem Fenster und war

43

tot. Eutychus „sank in einen tiefen Schlaf, weil Paulus so lange redete; und vom Schlaf überwältigt fiel er hinunter vom dritten Stock und wurde tot aufgehoben" (Apostelgeschichte 20,9). Wenn das kein Zeichen von Langeweile ist!

Gott aber ließ wortgewaltige Redner links liegen und suchte sich Mose aus (statt Aaron mit seiner silbernen Zunge), um sein Volk aus der Sklaverei zu führen, und er erwählte Paulus, damit er zu seinen größten Aposteln gehörte.

Ich staune immer wieder über Abende, an denen ich das Gefühl habe, daß meine Zunge mir wie ein Stück Blei im Mund liegt. Gerade solche Abende gebraucht Gott für seine größten Triumphe.

1991 hatte ich die Ehre, vor 11.000 Teenagern in der Hauptstadt Washington zu reden, die sich dort zu einer Veranstaltung von „Jugend für Christus" versammelt hatten. An diesem Abend mühte ich mich ab wie nie zuvor. Meine Scherze blieben im Ansatz stecken. Ich konnte einfach nicht deutlich machen, was ich so sorgfältig vorbereitet hatte. Schweißüberströmt schloß ich die Predigt mit einem für mein Gefühl äußerst lahmen Appell, sich zu Christus zu bekennen. Mir standen Tränen in den Augen, als ich von der Bühne trat. Insgeheim schwor ich mir, nie wieder solch eine Verantwortung zu übernehmen. Hinter der Bühne stieß ich auf Roger Cross, den Präsidenten von „Jugend für Christus". Ich stotterte eine Entschuldigung wegen der erbärmlichen Vorstellung und bat ihn um Vergebung. Auch in Rogers Augen glitzerten Tränen. Dann geleitete er mich zurück vor die Bühne. „Sieh mal", sagte er und drängte mich, einen Blick in die riesige Versammlungshalle zu werfen. Die Jugendlichen strömten von überall her nach vorn, um ihre Entscheidung für Gott zu bekunden. An diesem Abend hatten viele Hundert auf das Reden des Heiligen Geistes reagiert, obwohl ich als Werkzeug ziemlich schwach gewesen war. Vielleicht sollte ein Redner niemals den einen Schritt zum Erfolg vergessen: Wir dürfen und sollen jederzeit das Beste geben, wozu wir fähig sind, aber letzten Endes ist alles doch das Werk Gottes.

Ich vermute, Sie haben dieses Buch unter anderem (ganz abgesehen davon, daß Sie etwas von guten Autoren verstehen) deshalb gekauft, weil Sie bei der Verkündigung des Wortes Gottes Ihr Bestes geben wollen. Dann sind wir vom gleichen Schlag! Ich möchte Ihnen weitergeben, was meine 30 Jahre Erfahrung mir an Einsichten und Kenntnissen gebracht haben, damit wir gemeinsam mit hervorragenden Leistungen unserem gemeinsamen Ziel entgegenstreben: jungen Leuten überall da, wo sie sich finden lassen, die Liebe Gottes nahezubringen.

2. Kapitel
Sachvorbereitung

Wer gute Ergebnisse erzielen will, muß die Grundlagen beherrschen. Das ist in so ziemlich jeder Disziplin so, sei es in beruflichen, sportlichen oder sonstwelchen Angelegenheiten. Warum sollte es bei der Kommunikation anders sein?

Es liegt nichts Glanzvolles im Üben der Grundtechniken einer Disziplin, doch die Meisterklasse erreicht man nur, wenn dieses Fundament stimmt und bei den nächsten Stockwerken nichts wackelt.

In diesem Kapitel geht es um bewährte Grundlagen als Fundament für meisterliche Kommunikation.

Die G.E.R.A.D.E.-Methode: Wer sein Ziel nicht kennt, kommt auch nicht an

Als Teenager ging ich mit meinem Vater öfters auf die Hirschjagd. Eines kalten, klaren Herbstmorgens durchstreifte ich die Wälder um unser Haus, als ich einen Schuß hörte. Die Kugel traf einen Baum gleich neben meinem Kopf. Mit dem Gedanken, das müsse ziemlich nah gewesen sein, ging ich etwas zittrig weiter. Ein zweiter Schuß sauste durch die Äste über mir. Ich zuckte zusammen und dachte wieder: *Was für ein Zufall, daß beide Schüsse so dicht an mir vorbeigegangen sind!* Als ein dritter Schuß so nahe kam, daß ich den Einschlag hörte, durchfuhr mich die Vermutung, jemand habe es auf mich abgesehen. Ich warf mich zu Boden.

Als ich im Staub lag (jedoch noch nicht zu Staub geworden war), sah ich einen Mann, der sein Gewehr in meine Richtung abfeuerte. Er hatte mich überhaupt nicht gesehen, sondern einfach nur nach Gehör geschossen. Anscheinend hielt er sich an den Grundsatz: „Irgendwo im Wald gibt es Hirsche. Wenn ich oft genug in ihre grobe Richtung schieße, könnte ich einen davon erwischen."

Was für eine sinnlose und gefährliche Jagdmethode! Aber ganz ähnlich verhalten sich viele Redner: „Überall wimmelt es von jungen Leuten, die von Gott hören sollten. Wenn ich nur genug Informationen in ihre grobe Richtung abfeuere, dann wird schon irgendeine ankommen." Diese Philosophie ist bei der Kommunikation genauso gefährlich und nutzlos wie auf der Jagd!

Ein Jäger hat nur dann Erfolg, wenn er genau weiß, wonach er jagt, dranbleibt und nichts anderes berücksichtigt – und das gilt auch für den Redner. Man muß genau wissen, was man will. In unseren Kursen habe ich Tausenden von Teilnehmern landein, landaus die Prinzipien der Kommunikation vermittelt. Die Reaktion auf diese Lehrgänge ist immer die gleiche: Jeder Aspekt des Kurses wird begrüßt und als hilfreich eingeschätzt. Eins aber wird von den Lernenden für besonders wertvoll gehalten: Die Fähigkeit, sich glasklare Ziele zu setzen.

Der allerwichtigste Faktor bei der Kommunikation ist die Zielsetzung. Man muß wissen, was man mit einem Vortrag erreichen will und sich im klaren sein, wie man zu diesem Ziel gelangt. Leider werden die meisten Reden mit einer bloßen Stoffsammlung vorbereitet (man lädt das Gewehr mit Munition). Dann versucht man, im Rahmen der verfügbaren Zeit alles loszuwerden (man ballert aufs Geratewohl in den Wald).

Bei der Kommunikation aber muß man sich unbedingt Ziele setzen.

Wir haben eine Umfrage gemacht, aus der hervorging, daß mehr als siebzig Prozent der Besucher von

47

Bibelstunden, Jugendabenden und Gottesdiensten keine Ahnung hatten, was der Vortragende sagen wollte. Das ist erschreckend. Die schlimmste Statistik aber ergab sich, als wir die Redner befragten. Mehr als die Hälfte von ihnen wußten nicht so richtig, was sie eigentlich gepredigt hatten. Beide Gruppen konnten ein paar Beispiele und Bibelstellen benennen, in beiden aber fand sich niemand, der sagen konnte, *warum* der Vortrag gehalten worden war. Zu welchem *Zweck* waren die Geschichten erzählt worden? Was war die *Gesamtaussage* gewesen?

Am ersten Abend unseres Kommunikationskurses bitte ich die Teilnehmer, eine fünfminütige Rede vorzubereiten und mit einem Satz das Ziel dieser Rede zu formulieren. Vor jeder Ansprache geben mir die Teilnehmer ein Blatt Papier, auf dem sie ihre Absicht notiert haben (das Ziel, den Zweck der Rede). Nach jedem Schlußwort bitte ich die Zuhörer aufzuschreiben, was ihrer Meinung nach das Ziel des Redners war.

Meistens fällt ihnen nichts dazu ein. Manche unterstellen dem Vortragenden ganz andere Absichten, als er sich vorgestellt hatte; manche bringen das *Thema* oder eine wichtige Aussage zu Papier – immerhin. Die eigentliche *Absicht* der Rede entgeht ihnen aber meistens. Warum? Die Rede war zweckfrei. Man ziele ins Nichts, dann trifft man garantiert ins Leere.

Gelegentlich wehrt sich ein Teilnehmer unserer Seminare dagegen, eine fünfminütige Rede zu halten mit dem Argument, er spreche sonst immer eine halbe Stunde und sehe keinen Sinn in einer fünfminütigen Übung. Darauf antworte ich: „Wenn Sie es nicht in fünf Minuten sagen können, dann schaffen Sie es auch in einer halben Stunde nicht." Meine Antwort geht aus einem weisen Rat hervor, den ich schon vor Jahren gehört habe:

> Wenn man die Absicht eines Vortrags nicht mit einem einzigen klaren Satz formulieren kann, versucht man entweder zu viel zu sagen, oder man weiß überhaupt nicht, worüber man redet. Reden ohne klares Ziel sind so wirksam wie blinde Schüsse in den Wald in der Hoffnung, einen Hirsch zu treffen.

Ob eine Rede Wirkung zeigt, steht schon fest, bevor man überhaupt den Mund aufmacht.

Vielleicht sagt Ihnen der Aufwand nicht zu, die Prinzipien in diesem Buch anzuwenden. Sie wissen nicht, ob sich die Zeit oder Arbeit lohnt. Vielleicht verspüren Sie die Versuchung, die Seiten zu überblättern oder nur querzulesen. Tun Sie's nicht! Ausnahmslos jeder, der Zeit und Mühe aufgewendet hat, diese Prinzipien anzuwenden, hat ihren Nutzen entdeckt. Jeder, der sich die Mühe gemacht hat, an seinen Sätzen zu feilen, bis jede Formulierung scharf wie eine Rasierklinge war, kann bestätigen, daß diese Arbeit seine Effektivität als Redner revolutioniert hatte.

Ihre Ansprachen mögen unterhaltsam sein. Aber das zeigt erst dann Wirkung, wenn Sie genau wissen, *was Sie mit Ihrer Rede erreichen wollen* und gründlich geplant haben, welche Strategie zu diesem Ziel führt. Wenn man sein Ziel nicht kennt, ist auch der Weg unsinnig. Wenn man das Ziel dagegen so genau kennt, daß man es in einem Satz formulieren kann, dann kann man die Redestrategie so entwerfen, daß das Publikum die Botschaft klar und deutlich vernimmt.

Den Rahmen solcher Planung bildet die von mir so genannte G.E.R.A.D.E.-Methode. Damit erreicht man zweierlei. Erstens wird man gezwungen, die Redeabsicht brennpunktartig zu formulieren. Zweitens beflügelt die Methode Ihre Kreativität und hilft Ihnen, alle verfügbaren Quellen zu nutzen, um den Vortrag lebendig zu gestalten. Sie selbst würden sich dann Ihre eigene Rede interessiert von Anfang bis Ende anhören! Das Publikum hört Ihnen zu, weil Sie wissen, wie man es dazu bringt. Es versteht Ihre Absicht, weil Sie selbst Ihre Absicht kennen.

Wie war die Rednerin?

Phantastisch!

Worüber hat sie gesprochen?

Weiß ich nicht.

Die beiden wichtigsten Fertigkeiten bei der Kommunikation sind kristallklare Zielsetzung und die Fähigkeit, das Publikum zu fesseln. Die G.E.R.A.D.E.-Methode soll bei der Arbeit an diesen Fertigkeiten helfen. Sie zwingt den Redner dazu, den Vortrag unter ein einziges Ziel zu stellen und ihm ein logisches Gerüst zu verleihen, damit er keinen Unsinn redet. Die einzelnen Buchstaben von G.E.R.A.D.E. stehen für folgendes:

Gegenstand
Einzelaspekt
Redeabsicht
Argumentation
Darstellungsmaterial
Evaluation

Die G.E.R.A.D.E.-Methode verhilft dazu, zunächst einmal den Vortrag auf den Punkt zu bringen, indem man seinen eigentlichen *Gegenstand* ermittelt. Diese Konzentration wird dann brennpunktartig auf den jeweiligen *Einzelaspekt* eingeengt. Dabei legt man eine klare *Redeabsicht* fest, die in einem Satz formuliert werden kann. Danach erstellt man einen Rahmen, um aus dieser Redeabsicht eine logische, untermauernde *Argumentation* zu erstellen. Glanz und Spannung bietet die Rede dann, wenn man alles verfügbare *Darstellungsmaterial* kreativ entfaltet. Die G.E.R.A.D.E.-Methode bietet eine ständige *Evaluation*, also Bewertung, die gewährleistet, daß man sein Ziel auch *erreicht*. Zunächst kommt diese Methode dem Leser vielleicht zeitaufwendig und schwierig vor. Wenn man sich aber auf diesen Prozeß einläßt, darf man sicher sein, G.E.R.A.D.E.wegs ans Ziel zu gelangen. Beim Üben wird die Methode dann zu Ihrer zweiten Natur.

Dieses Kapitel läßt sich besonders effektiv nutzen, wenn Sie den nächsten Vortrag parallel zum Lesen vorbereiten.

51

Die Wahl des Gegenstands: Der nächstbeste ist gerade gut genug

Zu Beginn der Vorbereitung einer Rede schüttet man gleichsam einen Sack voller Ideen in einen Trichter. Hinein kommen unsere gesamten Erfahrungen und Kenntnisse sowie Millionen von Präsentationsmöglichkeiten, aus denen wir wählen können. Der erste Schritt ist also die Wahl eines einzelnen Redegegenstands. Damit fängt die Suche nach dem Ziel an. Das Thema Ihrer Wahl ist ein weites Feld – die Grundlage des Vortrags. Wenn man zum eigentlichen Gegenstand gelangen will, muß man eingrenzen, und zwar mit Hilfe folgender Fragen:

Welche Bedürfnisse hat meine Zielgruppe?
Ich habe einmal miterlebt, wie ein Jugendleiter eine Bibelstunde äußerst mechanisch abspulte. Dennoch weinten ein paar von den Zuhörern. Neugierig geworden, fragte ich ein Mädchen, worüber sie so traurig sei. Sie erzählte, daß bei einem furchtbaren Unfall in der vergangenen Woche zwei ihrer Freundinnen umgekommen seien. Die ganze Jugendgruppe stand unter dem Eindruck dieser Tragödie. Der Jugendleiter aber hatte einfach das vorgesehene Thema behandelt. Wann, wenn nicht jetzt, wäre es Zeit gewesen, ein laut schreiendes Anliegen der Gruppe zu erkennen und darauf einzugehen? Das Thema der Woche hatte nichts mit den aktuellen Bedürfnissen zu tun. Es wäre angesagt gewesen, sich um die Gefühle und Fragen zu kümmern, die der Tod der beiden Mädchen aufgeworfen hatte.

Damit will ich nicht sagen, daß man sich nicht an geplante Themen halten soll. Das Anliegen des Publikums aber muß immer bedacht werden, gleich zu Beginn der Vorbereitung. Ein guter Vorbereitungsplan berücksichtigt solche Bedürfnisse. Stellen Sie sich bei der Themenwahl folgende Fragen:

- *Woher kommt das Publikum?* Vielleicht aus unterschiedlichen Kirchen, um eine Konferenz oder Freizeit durchzuführen? Wenn ja, dann ist die Erwartungshaltung ganz anders als bei der stets gleichen Gruppe von zwanzig Teenagern, die immer zum Jugendmeeting kommen. Die Berücksichtigung des „Woher?" wirkt sich auf den Vortragsgegenstand genauso aus wie auf die Art der Rede.
- *In welcher Situation ist das Publikum?* Vielleicht haben Sie zunächst festgestellt: „Es sind die üblichen Teenies der Jugendgruppe." Gut, aber wo stehen sie jetzt gerade? Aus einer aufmerksamen Gruppe voller Tatendrang vom letzten Mal kann ein Haufen träger, gelangweilter Meckerer geworden sein. Die Laune eines Teenagers kann von Tages- oder Wochenereignissen stark beeinflußt werden: ein Problem in der Familie, eine bevorstehende Feier, sogar schlechtes Wetter.
- *Mit welchen Erwartungen kommen die Zuhörer?* Wiederum hängen die Erwartungen von den Umständen ab. Auf einer Freizeit oder einem großen Treffen stellen die Jugendlichen sich auf ein besonderes, unterhaltsames Programm ein. Andererseits wird der Jugendkreisbesucher eine Routinestunde erwarten (und sich innerlich vielleicht schon gegen die Langeweile wappnen). Im Lauf der Jahre haben wir unsere Zuhörer auf Mittelmäßigkeit gepolt, indem wir ihnen nur Durchschnitt geboten haben. (Im 9. Kapitel wird es darum gehen, wie man die Erwartungshaltung der Teenies von Apathie zu Begeisterung steigert.)
- *Welche Bedürfnisse hat das Publikum?* Ein Mann kam ins Sprechzimmer des Arztes, und der Doktor sagte: „Ich habe Sie erwartet." Der Mann setzte zum Reden an, doch der Arzt unterbrach ihn: „Treten Sie bitte näher. Gleich bekommen Sie, was Sie brauchen." Ohne auf den Protest des Mannes zu achten, gab er ihm eine Spritze. „War doch gar nicht so schlimm, oder?" fragte er. „Nein, gar nicht", sagte der Mann, „aber ich wollte nur Ihren Papierkorb leeren. Ich bin der neue Hausmeister."

53

Wir tun unseren Jugendlichen einen schlechten Dienst, wenn wir wie Schlafwandler unsere Lektionen abspulen. Womöglich sind sie nicht einmal im Hinblick auf junge Leute entwickelt worden. So entgleiten uns Augenblicke besonderer Empfänglichkeit!

Kein Wunder, wenn viele Jugendliche von heute meinen, Christsein sei irrelevant. Und zwar passiert das dann, wenn man christliche Prinzipien in der Reihenfolge predigt, in der sie im Handbuch erscheinen, statt sensibel auf die Bedürfnisse der Zuhörer einzugehen und mitzuteilen, welche Antwort unser Glaube darauf zu bieten hat.

Wird mir ein bestimmtes Thema zugeteilt?
Viele Kirchen oder Organisationen geben dem Gastredner ein Thema vor. Wenn der Vortrag beispielsweise zum Generalthema „Beziehungen" passen soll, dann haben Sie Ihren Gegenstand. Wenn Sie also als Gastredner eingeladen wurden, bleiben Sie mit Ihrem Thema im Rahmen dieses Wunsches.

Weiß ich genug über das gewählte Thema, um einen sinnvollen Beitrag zu leisten?
Ein Redner sollte immer über seinen Gegenstand Bescheid wissen; Jugendliche durchschauen genauso wie Erwachsene unsinniges Gelaber. Wenn Ihnen ein Thema zugewiesen wurde, das Ihnen nicht so vertraut ist, haben Sie die Wahl:

- Sie gehen auf den Vorschlag ein und arbeiten den Gegenstand gründlich durch.
- Sie lehnen ab und empfehlen jemand anders, der sich besser mit der Sache auskennt.
- Sie schlagen ein anderes Thema vor.

Überfällt Sie manchmal die Versuchung, vor Ihrer Gruppe zu einem Thema zu reden, das Sie kaum kennen? Tun Sie das nicht! Es gibt viele andere Leute, die eine Vielzahl von

54

Themen beherrschen und bei Anlässen wie Bibelabenden, Freizeiten oder regulären Gottesdiensten darbieten könnten. Wenn Sie keine Zeit für die gründliche Einarbeitung haben, bitten Sie andere aus der Gemeinde, dem Ort oder der Schule zu Wort. Fragen Sie beispielsweise einen Schulpsychologen, ob er nicht über drohende Anzeichen von Selbstmord sprechen könnte. Die Teenager selbst könnten über den Druck durch Gleichaltrige berichten. Wichtig ist, daß man bedenkt: wirken kann der Vortrag nur dann, wenn der Redner sich in seinem Gebiet auskennt.

Ist der Gegenstand der Rede biblisch fundiert?
Ob wir ganz allgemein die Bibel zu einem Thema befragen oder einen Bibeltext auslegen, müssen wir unbedingt darauf achten, den Inhalt getreu wiederzugeben. Leider ziehen manche Redner die Bibel nur heran, um sich mit Glaubwürdigkeit zu krönen. Oder schlimmer noch, sie verdrehen Bibelstellen, um sie für ihr Thema passend zu machen. Die Bibel ist Grundlage für alles, was wir predigen. Deshalb muß sie mit dem gebührenden Respekt behandelt werden.

Tun wir jetzt einmal den ersten Schritt der G.E.R.A.D.E.-Methode und suchen uns einen Gegenstand aus. Nehmen Sie Papier und einen Stift zur Hand. Wenn Sie über einen bestimmten Bibeltext reden wollen, studieren Sie den Text und schreiben Sie alle Themen auf, die sich darin finden. In den meisten Texten gibt es mehrere mögliche Vortragsgegenstände. Handelt es sich um eine thematisch gebundene Rede, dann halten Sie sich die Bedürfnisse der Zuhörer vor Augen und notieren sich Themen, die damit zu tun haben. Schon hier kann man leicht Irrtümer begehen und bei der Wahl des Gebietes voll danebengreifen. Ein Pastor notierte sich als Predigtthema für eine Hochzeit „Fallgruben der Ehe“. Er hatte sich vertan: die „Fallgruben“ waren nur einer von mehreren Punkten, die er behandeln wollte. Sein eigentliches Thema lautete: „Die gelungene Ehe“. Daß er vor den Fallen warnen mußte, die eine Ehe zerstören können, war nur ein Gedanke, dem er sich stark verpflichtet fühlte.

Der Gegenstand sollte sich in ein oder zwei Wörtern formulieren lassen, die allgemein genug sind, um sämtliche Inhalte der Rede abzudecken. Wenn Sie damit Mühe haben, schreiben Sie alles auf, was sie sagen wollen. Dann fragen Sie sich, welcher Begriff diese Gedanken am besten beschreibt. Worum geht es? Vielleicht halten Sie sich an die folgende Liste. Das Einfachste ist das Beste. Versuchen Sie nicht, den „Prediger Salomo" zu zergliedern. Suchen Sie sich etwas aus, womit Sie sich gut auskennen. Sie könnten natürlich auch über ein Hobby oder Ihre Familie reden. Sparen Sie sich die anspruchsvollen Gegenstände auf, bis Sie die Methode richtig beherrschen. Dann können Sie sich auf das Verfahren selbst konzentrieren. Haben Sie einen bestimmten Gegenstand gefunden, dann notieren Sie ihn in der entsprechenden Zeile.

Angst	*Glaube*	*Selbstbeherrschung*	*Liebe*
Christus	*Fürsorge*	*Selbstmord*	*Sex*
Gebet	*Ungehorsam*	*Drogen*	*Vergebung*
Depression	*Elefanten*	*Himmel*	*Bibel*
Ostern	*Zeugnisgeben*	*Diät*	*Buße*
Bekenntnis	*Schuppen*	*Musik*	*Okkultismus*
Anbetung	*Christentum*	*Jüngerschaft*	*Weihnachten*

Der Gegenstand meines Vortrags lautet: ....
....

Der Einzelaspekt: Geht es etwas genauer?

Der zweite Schritt bei der G.E.R.A.D.E.-Methode ist die Wahl eines einzelnen Aspektes aus dem Gegenstand. Dieses eigentliche Thema muß knapp und klar, am besten als kurzer Satz formuliert werden. Hier ein paar mögliche Themen zum Gegenstand „Angst":

56

Angstquellen
Maßnahmen gegen Angst
Angst erkennen
Mit Angst umgehen
Die Auswirkungen von Angst

Der Gegenstand „Okkultismus" könnte folgende Einzelaspekte haben:

Okkultismus erkennen
Die Gefahren des Okkultismus
Herkunft des Okkultismus
Okkulte Praktiken

Man beachte, daß diese Aspekte bereits festlegen, wie breit der Inhalt der Rede angelegt sein muß. Ziel dieses Schrittes ist die Einengung des Gegenstandes auf eine sinnvolle Informationsmenge. Die meisten Redner machen den Fehler, zu viel sagen zu wollen. Der Einzelaspekt hilft, sich die „Munition" einzuteilen, die man verschießen will. Wenn man sich also den Aspekt „Die Auswirkungen von Angst" ausgesucht hat, dann sollte man grundsätzlich nur über diese Auswirkungen reden. Man hat ein kleineres Feld als beim Thema „Mit Angst umgehen". Dann nämlich gehören die „Auswirkungen der Angst", „Angst erkennen" und „Maßnahmen gegen die Angst" mit zum Inhalt, weil zu diesem Thema eine ausführliche Beschreibung des Inhalts gehört.

Bisher haben Sie noch nicht die Redeabsicht (den Zweck) Ihrer Rede festgelegt. Ein gut gewählter Einzelaspekt jedoch verweist schon auf diese Absicht. Wenn er lautet „Mit Angst umgehen", dann läuft die Redeabsicht mit Sicherheit darauf hinaus, daß man der Gruppe eine Idee vom Umgang mit Angst vermitteln will. Sollten Sie also schon wissen, worin Ihre Absicht besteht, sollte der Aspekt weit genug sein, um das Ziel zur Geltung zu bringen.

Notieren Sie jetzt bitte nochmals auf der leeren Zeile den eben gewählten Gegenstand. Darunter schreiben Sie einige mögliche Themen auf (entsprechend dem Beispiel „Angst"), die als Einzelaspekte des Themas gelten können.

Der Gegenstand meines Vortrags lautet:
Mögliche Themen (knapp formulieren – zwei oder drei Worte):

Suchen Sie sich jetzt ein Thema aus, bei dem Sie die Bedürfnisse Ihrer Zuhörer, den Rahmen des behandelten Bibeltextes und die Begrenztheit Ihres Wissens berücksichtigen. Das soll dann der Schwerpunkt Ihres Vortrags sein.

Mein Einzelaspekt lautet:

Die Klärung der Redeabsicht: Worum geht es Ihnen?

Die Klärung der Redeabsicht ist der schwierigste und wichtigste Punkt bei der Redevorbereitung. Jetzt bloß nicht aufgeben! Ihre Mühe, am Ball zu bleiben, könnte sich für Ihr ganzes weiteres Leben lohnen. Geben Sie sich eine Koffeininjektion, gehen Sie kurz einmal an die frische Luft, und dann stürzen Sie sich in die Arbeit!

Wenn es Ihnen auf effektive Kommunikation ankommt, dann müssen Sie sich Ihre Absichten klarmachen. Leider verlassen sich viele Redner auf die Wirkung Ihres Themas, ohne groß über ihre Ziele nachzudenken. Mit anderen Worten: Viele Redner wissen, worüber sie sprechen wollen, fragen sich aber nicht, *warum*. Wegen dieses Mangels gerät das Thema dann leicht viel zu weit, und die Rede wirkt dann ziellos und langweilig.

Bis jetzt haben Sie auf den Punkt gebracht, *worüber* Sie reden wollen. Nun klären Sie bitte genauestens, was Sie mit dem Vortrag erreichen wollen. Antworten Sie auf die Frage: „Warum will ich diesen Vortrag halten?" Die Gewißheit, was Sie erreichen wollen, sollte Sie in die Lage versetzen, diese Absicht mit einem kurzen Satz zu formulieren. Diese Redeabsicht ergibt sich aus drei Schritten.

1. Schritt: Formulieren Sie eine Absichtserklärung.
Die Absicht ist eine einfache Erklärung, mit der Sie den Schritt vom Vortrags*inhalt* zum Vortrags*ziel* tun. Sie wird mit einem klaren, einfachen Satz formuliert, für den es eine bestimmte Form gibt. Er faßt die Absicht Ihrer Botschaft unmißverständlich zusammen. Es gibt zwei Grundformen von Absichtserklärungen:

1. Der Appell
2. Die Handlungsanleitung

Der Appell geht Hand in Hand mit einem Vortrag, der Überzeugungsarbeit leistet. Hier geht es darum, daß die Gruppe zum Handeln aufgerufen wird, ein Versprechen geben oder einen Glaubensschritt machen soll.

Die Handlungsanleitung ergibt sich aus einer Rede zur Orientierung und Hilfestellung. Der Zuhörer bekommt hier Anregungen, wie er etwas machen oder einen Sachverhalt verstehen soll.

Diese Absichtserklärungen sollen aufgeschrieben werden, und zwar in einer bestimmten, vorgefaßten Form. Sie sind so formuliert, damit man zielgerichtet und logisch denken kann. Es ist unmöglich, eine sinnlose, weitschweifige Rede zu halten, wenn man sich an diese Form hält! Bedenken Sie, daß es sich hier nicht um genau die Worte handelt, die man bei der Rede ausspricht. Es ist eher im Sinne eines Fundaments für ein schönes Haus gedacht. Man sieht es nicht, aber wegen seiner Existenz ist der Bau stabil und schön anzusehen. Später mehr dazu.

Die Form für den Appell sieht so aus:

Jeder .... sollte ....

Der erste Schritt zur Formulierung des Appells ist die Berücksichtigung der Zielgruppe. Wenn der Appell z. B. lautet: „*Jeder* Christ *sollte* seinen Nächsten lieben", dann ist das Wort direkt nach „jeder" Hinweis darauf, daß der Redner die Christen unter seinen Zuhörern anspricht. Wenn Sie die gesamte Zuhörerschaft meinen, dann sollte lieber das Wort *Mensch* gewählt werden: „*Jeder* Mensch *sollte* seinen Nächsten lieben."

Versuchen Sie nicht, jedem in der ganzen Runde etwas anzubieten. Eine Rede, die sich mit einem bestimmten Anliegen an eine Gruppe richtet, wirkt auf die gesamte Zuhörerschaft stärker als eine, die jedem ein bißchen Wahrheit anbietet (die alte Schrotflintenmethode!).

Die Form für eine Handlungsanleitung sieht so aus:

Jeder .... kann ....

Wenn Sie zum gleichen Thema – also hier Liebe – sprechen, dann sollte die Handlungsanleitung so lauten: „*Jeder* Christ *kann* lernen, wie man seinen Nächsten liebt."

Das wäre eine ganz andere Rede als das vorige Beispiel. Hier würden Sie Rat und Hilfe geben, wie man seinen Nächsten liebt. Der Appell hingegen liefert Gründe, warum Christen ihren Nächsten lieben sollten.

Hier ein paar weitere Beispiele für Appelle:

• „Jeder Teenager sollte sein Leben nach moralischen Maß-stäben führen." Diese Rede zeigt, „warum" sich ein Teenager nach moralischen Maßstäben ausrichten sollte.

- „Jeder Mensch sollte einen Elefanten reiten lernen." In dieser Rede wird gezeigt, „warum" es wichtig ist, einen Elefanten reiten zu können.

Die nächsten Vorschläge sind auf Handlungsanleitungen gemünzt:

- „Jeder Teenager kann lernen, wie man sich moralische Maßstäbe setzt." In dieser Rede wird den Teenagern gezeigt, „wie" man sich Maßstäbe setzt.
- „Jeder Mensch kann einen Elefanten reiten lernen." Diese Rede zeigt, „wie" man lernt, einen Elefanten zu reiten.

Jetzt wird es Zeit, an der Rede zu arbeiten. Stellen Sie fest, zu wem Sie sprechen. Wenn Sie jeden einzelnen Zuhörer ansprechen wollen, kommt nach „jeder" das Wort „Mensch". Wenn Sie alle Gläubigen ansprechen wollen, steht hier das Wort „Christ". Als nächstes legen Sie fest, ob Sie eine Handlungsanleitung oder einen Appell im Sinn haben. Bei einer Handlungsanleitung wird das Wort „kann" unterstrichen, bei einem Appell das Wort „sollte". Füllen Sie jetzt die Leerzeilen aus und formulieren Sie eine Absichtserklärung, die sich auf Ihren Einzelaspekt bezieht.

Der Gegenstand meiner Rede lautet: ....
Der Einzelaspekt heißt: ....
Dazu wähle ich die folgende Absichtserklärung:................
Jeder .... sollte/kann................................
(nur eins von beiden)

2. Schritt: Stellen Sie die passende Frage zur Absichtserklärung.
Um Ihr Ziel genauer zu fassen, müssen Sie die Frage zur gerade formulierten Absichtserklärung stellen. Handelt es sich um einen Appell, dann heißt die Frage: „Warum?" Ist es eine Handlungsanleitung, dann heißt die Frage: „Wie?"

61

Genauso reagieren wir auf die Aufgaben im Leben. Wenn ich zu Ihnen käme und sagen würde: „Sie sollten den Raum verlassen", dann würden Sie fragen: „Warum?" Hätte ich gesagt: „Sie sollten in der Lage sein, einen Elefanten zu reiten", dann hätten Sie wieder gefragt: „Warum?"

Wenn ich Ihnen in die Augen schaue und behaupte: „Sie können lernen, wie Sie Ihren Nächsten lieben können", dann fragen Sie dagegen: „Wie soll ich das machen?" Wenn ich sagen würde: „Sie können einen Elefanten reiten lernen", dann würden Sie fragen: „Wie denn?"

> Kurz gesagt: Appelle ziehen die Frage „Warum?" nach sich, Handlungsanleitungen die Frage „Wie?"

Wenn Ihr Vortrag eine logische Fortsetzung der Absichtserklärung sein soll, dann muß es im Inhalt einer appellierenden Rede um das „Warum" gehen, im Inhalt der Handlungsanleitung um das „Wie". Andere Fragen wie zum Beispiel „Wo?", „Wann?" und „Was?" werden mit dem Inhalt der Rede beantwortet.

Nehmen wir an, Sie haben sich für die Handlungsanleitung entschieden „Jeder Mensch kann lernen, wie man einen Elefanten reitet." Natürlich fragt man sich jetzt: „Wie?" Die Schritte auf dem Weg zu dieser Kunst könnten folgende sein: 1) Gehen Sie freitags um zehn Uhr morgens zum Zirkushauptzelt; 2) fragen Sie nach Ralf, dem Elefantenpfleger; und 3) machen Sie mit ihm ein paar Reitstunden aus. Die Fragen „Wann?", „Mit wem?" und „Wodurch?" werden im Inhalt des Vortrags beantwortet. Sie lassen sich der allgemeineren Frage unterordnen: „Wie kann ich lernen, einen Elefanten zu reiten?" Die Fragen nach dem Warum oder Wie führen automatisch zum logischen Aufbau der Rede.

3. Schritt: Beantworten Sie die Fragen „Warum" oder „Wie" mit einem Satz, in dem ein Schlüsselwort vorkommt.
Damit kommen wir zum letzten Schritt. Wenn Sie einen

62

Appell im Sinn haben, fängt dieser Antwortsatz immer mit den Worten *weil* oder *wegen* an. Hier ein Beispiel:

Absichtserklärung: Jeder *Christ* sollte *seinen Nächsten lieben*
implizierte Antwort: *weil* Jesus uns entsprechende Gebote gegeben hat

„Jeder Christ sollte seinen Nächsten lieben" ist der Appell, um den es geht. Er läßt die Frage erwarten: „Warum sollte ich meinen Nächsten lieben?" Der Satz: „ . . . weil Christus uns entsprechende Gebote gegeben hat!" beantwortet die Frage hinreichend und enthält das Schlüsselwort *Gebote*. In diesem Vortrag werden folglich die Gebote aufgezählt, die Jesus uns gegeben hat und mit denen er uns auffordert, unseren Nächsten zu lieben.

Nehmen wir ein anderes Beispiel.

Absichtserklärung: Jeder *Christ* sollte *seinen Nächsten lieben*
Antwort: *wegen* zweier Gründe.

Der Appell ist der gleiche wie oben; „Jeder Christ sollte seinen Nächsten lieben." Doch in diesem Fall führt die Antwort auf die Frage *warum* zu weiteren Möglichkeiten. In der vorigen Begründung hat das Schlüsselwort den Rahmen des Vortrags auf die Gebote Christi begrenzt. Weil nun aber das Schlüsselwort *Gründe* fällt, kann der Rahmen viel allgemeiner ausfallen. Die Gebote Christi haben darin ihren Platz; die Rede ist aber nicht darauf beschränkt. Jeder echte Grund kann in der Rede Platz finden.

Wenn Sie eine Handlungsanleitung nehmen, fängt der Antwortsatz immer mit dem Wort *indem* an. Analysieren wir jetzt einmal Antworten auf Handlungsanleitungen.

Absichtserklärung: Alle *Eltern* können *wirksamer erziehen*
Antwort: *indem* sie zwei Kommunikationstechniken erlernen.

63

Die Handlungsanleitung „Alle Eltern können wirksamer erziehen" läßt die Frage erwarten: „Wie können Eltern wirksamer erziehen?" Die Antwort – „indem sie zwei Kommunikationstechniken erlernen" – führt den Redner mitten in seine Rede. Jetzt kann das „wie" näher erläutert werden, da der Redner sein Schlüsselwort näher betrachtet.

Hier noch ein Beispiel:

Absichtserklärung: Jeder *Christ* kann *inneren Frieden finden*
Antwort: *indem* er auf drei Verheißungen Gottes vertraut.

Wiederum beantwortet der Satz „indem er auf drei Verheißungen Gottes vertraut" das „Wie" der Frage, die sich aus der Erklärung ergibt: „Jeder Christ kann inneren Frieden finden." Das Schlüsselwort „Verheißungen" führt den Redner zur Entfaltung seines Vortrags. Jetzt kann er die drei Verheißungen erläutern, die den Christen zum inneren Frieden gelangen lassen.

Das Schlüsselwort ist immer ein Hauptwort im Plural. Es verkörpert das eigentliche Ziel Ihrer Botschaft, den Kern der Rede. Begriffe wie *Maßstäbe, Konsequenzen* oder *Vorteile* eignen sich als Schlüsselwörter. Die Hauptaussagen Ihrer Botschaft sind dann Unterbegriffe zum Schlüsselwort. Als Unterbegriffe zum Schlüsselwort *Vorteile* könnte man Heimat, Gesundheit, Glück und so weiter verwenden. (Diese Unterbegriffe bilden die *Argumentation*. Wie man die Argumente einer Rede entfaltet, wird im nächsten Abschnitt erklärt.) Betrachten wir das folgende Schema. Es fällt auf, daß die Antworten auf die Frage *warum* (Appelle) mit den Worten *weil* oder *wegen* anfangen; Antworten auf die Frage *wie* (Handlungsanleitungen) fangen mit *indem* an. Achten Sie außerdem auf die möglichen Schlüsselwörter, die in den Antworten Verwendung finden.

Art der Rede	Frage	Antwort	Schlüsselwörter
Appell	warum?	weil/wegen	Regeln Gebote Bibelverse Vorteile Gründe Wahrheiten
Handlungs- anleitung	wie?	indem man (…) befolgt, gehorcht, lernt	Schritte Prinzipien Anweisungen Belohnungen Beispiele

Die Begründung ist dann vollständig, wenn das Schlüsselwort gefunden ist. Es folgen Beispiele für Begründungen bei „appellierenden" Reden. Achten Sie auf das in Klammern stehende Schlüsselwort.

Jeder *Christ* sollte seinen *Nächsten* lieben,
weil *in der Bibel entsprechende (Gebote) stehen.*

Jeder *Christ* sollte seinen *Nächsten* lieben,
weil *dafür (Belohnungen) verheißen werden.*

Jeder *Mensch* sollte *Elefanten* reiten können,
weil *es ihm (Vorteile) einbringt.*

Jeder *Mensch* sollte *Elefanten* reiten können,
wegen *dreier (Gründe).*

Und hier ein paar Beispiele für Begründungen für „anleitende" Reden. Achten Sie auf die Schlüsselwörter in Klammern.

Jeder *Mensch* kann *einen Elefanten reiten lernen,*
indem *er drei einfache (Schritte) befolgt.*

Jeder *Christ* kann *seinen Nächsten lieben lernen,* indem *er die (Prinzipien) der Nächstenliebe begreift.*

Jeder *Christ* kann *seinen Nächsten lieben lernen,* indem *er sich an die (Vorbilder) hält, die uns die Bibel gibt.*

Jeder *Christ* kann *seinen Nächsten lieben lernen,* indem *er sich an die biblischen (Anweisungen) hält.*

Wenn Sie jetzt die gesamte Prozedur nachvollzogen haben, dann steht Ihnen der wichtigste Schritt der Redeplanung bevor. Mit Hilfe des Materials, das Sie bereits erbracht haben (und unter Beachtung des bisher erklärten Vorgehens) können Sie den Begründungssatz aufschreiben, der das Ziel Ihrer Rede zum Ausdruck bringt. Wiederholen Sie die Regeln peinlich genau, und blättern Sie immer wieder zurück, wenn Sie Ihren Begründungssatz formulieren.

1. Entscheiden Sie sich entweder für einen Appell oder eine Handlungsanleitung.
2. Füllen Sie die erste Leerstelle mit einem Begriff aus, der Ihr Publikum (Ihre Zielgruppe) beschreibt.
3. Wenn Sie eine anleitende Rede halten, unterstreichen Sie das Wort *kann;* wenn es sich um eine appellierende Rede handelt, unterstreichen Sie das Wort *sollte.*
4. Unterstreichen Sie das Fragewort, das auf Ihre Absicht zutrifft. Denken Sie daran, daß Appelle mit *warum* hinterfragt werden, Handlungsanleitungen mit *wie.*
5. Verwenden Sie für die Begründung das richtige Wort. Wenn Sie einen anleitenden Vortrag halten, handelt es sich um *indem.* Bei einem appellierenden Vortrag unterstreichen Sie entweder *weil* oder *wegen.*
6. Schreiben Sie in die nächste Leerstelle den Antwortsatz. Diese Antwort muß ein aussagefähiges Hauptwort im Plural enthalten (ein Schlüsselwort), das die Argumente beschreibt, mit denen Sie Ihre Begründung vorbringen wollen.

Jeder .... sollte/kann ....
Warum/Wie? ....
weil/wegen/indem ....(......................) ....
Schlüsselwort

Wenn diese Aussage klar und genau ist (sie muß alle
Elemente enthalten, von denen die Rede war, und Sie selbst
sollten verstehen, worum es geht) und wenn damit genau
das gesagt wird, was Sie erreichen wollen, dann dürfen Sie
jetzt die Korken knallen lassen (natürlich nur von christlichen Sektflaschen!). Der schwierigste und wichtigste Teil
ist geschafft. Sie haben soeben Ihr Ziel geklärt. Feiern Sie
noch ein bißchen. Dann wollen wir uns eine Argumentation aufbauen, mit der Sie das gerade formulierte Ziel erreichen können.

Geben Sie jetzt nicht dem inneren Schweinehund nach
(„Das macht doch viel zu viel Arbeit"). Ich habe miterlebt,
wie diese Prinzipien von Unterhaltungskünstlern, Jugendmitarbeitern, Pastoren und Managern angewendet wurden.
Ohne Ausnahme konnten alle, die sich die Mühe machten,
Ihre Reden nach dieser Prozedur zu entwerfen, ihre kommunikativen Fähigkeiten dramatisch verbessern.

Ich bin überzeugt, daß wir alle irgendein unter-
bewußtes Ziel mit unseren Vorträgen verfolgen. Leider lautet dieses Ziel meistens: „Ich hoffe, daß mich
alle mögen", „Ich will eine gute Rede halten" oder
„Hoffentlich lachen alle an den richtigen Stellen".
Solche unterbewußten Ziele sind nicht ehrenrührig,
aber letztlich nur Mittel zum Zweck. Unterhaltsame
Kommunikation kann ein Leben verändern. Es bleibt
aber bei der bloßen Unterhaltung, wenn keine Kommunikation stattfindet.

Als Jugendmitarbeiter haben wir eine wichtige Botschaft.
Wir haben ein klares Ziel, bei dem es um Leben oder Tod

67

geht. Wenn wir nicht mehr anstreben, als unseren Zuhörern zu gefallen, dann hat das nichts mit einem geistlichen Dienst zu tun. Bestenfalls taugen wir dann zu unterhaltsamen Babysittern, schlimmstenfalls mißbrauchen wir die Reaktion der Jugendlichen, um unser Ego zu befriedigen.

Als ich einem Freund und langjährigen Jugendmitarbeiter die G.E.R.A.D.E.-Methode vorstellte, war er zunächst skeptisch. Als er aber seine Ansprachen an dieser Methode maß, sah er ein, wie oft sie vage und ziellos gewesen waren. Deshalb ließ er sich darauf ein, die G.E.R.A.D.E-Methode bei der Planung seines nächsten Vortrags einzusetzen. Er rief den Jugendpastor an, der ihn als Redner für ein Jugendmeeting eingeladen hatte, und fragte: „Was für Ergebnisse versprechen Sie sich von meiner Anwesenheit?"

Nach einigem Hin und Her gab der Jugendpastor zu: „Ich schaffe es nicht, die Jugendlichen zu verantwortlicher Mitarbeit zu gewinnen. Ich hätte gern eine Ansprache, mit der sie zur Teilnahme an einer Kleingruppe aufgefordert werden, wo sie echte Jüngerschaft erlernen können. Bisher hatte ich keinen Erfolg damit. Vielleicht klappt es bei Ihnen."

Nachdem Sie sich einig wurden, wie man der Gruppe Gelegenheit geben könne, auf diesen Aufruf zu reagieren, legte mein Freund auf und fing mit der Arbeit an seinem Vortrag über Jüngerschaft an. Als Einzelaspekt wählte er „Schritte, wie man ein Jünger wird". Und so lautete die Absichtserklärung: „Jeder Anwesende *kann* ein lebendiger Jünger Christi werden, *indem* er sich an drei einfache Schritte hält." Damit meinte er folgende Maßnahmen: „Mach dir klar, was Jüngerschaft bedeutet; entschließe dich, ein Jünger zu werden; mache den Entschluß fest, indem du dich zum Besuch des Jüngerschaftskurses verpflichtest."

Als ich meinen Freund nach seinem Vortragsabend anrief, sagte er: „Weißt du, Ken, erst war ich enttäuscht, weil ich nicht so viele Lacher wie sonst bekam" (und zwar deshalb, weil er auf Geschichten und Illustrationen verzichtet

68

hatte, die zwar witzig waren, aber mit dem Ziel nichts zu tun hatten). „Die Kids reagierten nicht so begeistert, wie ich es gewohnt bin. Aber der Jugendpastor und ich waren sprachlos, als nach der Ansprache achtzehn Zuhörer nicht am Kaffeeausschank haltmachten (ein Wunder!), sondern sich gleich schriftlich zur Teilnahme am Kurs verpflichteten."

> Er hatte erreicht, was er wollte. Darum geht es bei gelungener Kommunikation. Wenn wir uns keine Zeit nehmen, über unsere Absichten nachzudenken, dann bleibt es fast immer bei der Absicht, das Publikum durch unterhaltsame, kluge Bemerkungen zu beeindrucken. Das könnte klappen, aber wozu?

Wichtiger ist die Planung eines sinnvollen Ziels, durch das junge Menschen Gott näher gebracht werden. An unterhaltsamen, witzigen Geschichten braucht es nicht zu fehlen, aber sie sollten gezielt eingesetzt werden, damit die Zuhörer an die Sache herangeführt werden. Die G.E.R.A.D.E.-Methode funktioniert, auch wenn – oder gerade weil? – sie Mühe macht. Wer sich auf diesen Prozeß eingelassen hat, weiß, daß sich jede Minute Arbeit daran lohnt.

Mit etwas Übung läßt sich die Redeabsicht viel schneller bestimmen. Man kann diese Arbeit nicht auf die leichte Schulter nehmen, aber seit wann fallen uns überdurchschnittliche Leistungen in den Schoß? Vielleicht ändert man ein paarmal seine Meinung, bevor man beim richtigen Ziel angelangt ist oder das wirkungsvollste Schlüsselwort gefunden hat. Man wird entschädigt durch innere Freiheit und das Gefühl, etwas Sinnvolles zu tun, wenn man vor den Jugendlichen steht und genau weiß, was man sagen will und warum. Sie verstehen dann mit Sicherheit, was man sagen will und haben die Chance, sich daran zu halten. Viele denken auch dann noch an die Botschaft, wenn sie schon lange wieder zu Hause sind.

Die Argumentation: Was sind die Hauptaussagen der Botschaft?

Die Klärung von Gegenstand, Aspekt und Redeabsicht ist so extrem wichtig, weil wir dadurch gezwungen werden, Thema und Ziel der Rede genau zu treffen. Der nächste Schritt der G.E.R.A.D.E.-Methode ist das Erarbeiten der *Argumentation* oder der Hauptpunkte Ihrer Rede. Mit dieser logischen Grundlage wird der Hörer an die Redeabsicht herangeführt. Diese logischen Ausführungen müssen direkt mit dem Schlüsselwort verknüpft sein. Wenn es sich um das Schlüsselwort *Gebote* handelt, dann geht es bei den Hauptpunkten um bestimmte Gebote. Betrachten wir zum Beispiel die folgende Absichtserklärung:

Jeder *Christ* sollte/<u>kann</u> *seinen Nächsten lieben lernen,*
weil/<u>indem</u> er *drei (Prinzipien) der Nächstenliebe anwendet.*
                (Schlüsselwort)

Prinzipien lautet das Schlüsselwort; deshalb könnte es sich beim Redeinhalt um folgende Prinzipien als Argumentationsgrundlage handeln:

1. Prinzip: *Liebe (deinen Nächsten) so, wie du dich selbst liebst (Matt. 19,19)*
2. Prinzip: *Liebe (...) so, wie Gott dich geliebt hat (Joh. 13,34)*
3. Prinzip: *Liebe (...) so, wie du selbst geliebt werden möchtest* (moralischer Imperativ, *Luk. 6,31*)

Hier ein eher unernst gemeintes Beispiel für Absichtserklärungen:

Jeder *Mensch* <u>sollte</u>/kann *einen Elefanten reiten*
<u>weil</u>/indem *er dadurch (Vorteile) beim Reisen hat.*
                (Schlüsselwort)

70

Das Schlüsselwort ist *Vorteile*. Daher müssen die Hauptargumente aus den Vorteilen gebildet werden.

1. Vorteil: *Man kann von dort oben besser sehen.*
2. Vorteil: *Man wird nicht vom Elefanten getreten, wenn man auf ihm sitzt.*
3. Vorteil: *Man wird nicht überfallen, wenn man auf dem Elefanten sitzt.*

„Elefanten sind gefährlich" – das dürfte als Argument nicht verwendet werden, weil es keinen Vorteil darstellt. Obwohl es zutrifft, daß Elefanten gefährlich sein können, gehört es nicht in diese Rede, weil damit die Logik der Redeabsicht außer Kraft gesetzt würde. Alle Hauptpunkte müssen sich auf das Schlüsselwort beziehen.

Nun wieder zu Ihrer Rede. Füllen Sie noch einmal die folgenden Lücken mit Ihrer Absichtserklärung:

Jeder................................sollte/kann...
weil/wegen/indem ....(.......................) ....
                                    Schlüsselwort

Wiederholen Sie das Schlüsselwort am dafür vorgesehenen Platz, und zählen Sie mindestens zwei Hauptpunkte auf:

Mein Schlüsselwort ist:..
Meine Hauptpunkte sind:..
1. ....
2. ....
3. ....
4. ....

Diese Hauptpunkte bilden die Argumentation für Ihren Vortrag. Schauen Sie ruhig zweimal hin, um zu prüfen, ob es sich auch wirklich um Punkte handelt, die aus dem Schlüsselwort hervorgehen. Nochmals: die Punkte müssen sich logisch daraus ergeben.

71

Aus dieser Überlegung heraus ist auch die sogenannte „Drei-Punkte-Predigt" entstanden. Leider ist der Grundgedanke zu etwas anderem verkommen. Aus der Drei-Punkte-Predigt ist eine „Drei-Predigten-Predigt" geworden. Jeder Predigt sollte nur eine Redeabsicht zugrundeliegen, die von zwei oder mehreren Hauptpunkten verdeutlicht wird, wie oben dargestellt.

Die Argumentation macht also die Absicht ihres Vortrags deutlich und verhilft gleichzeitig zu logischen Schritten, dieser Absicht gerecht zu werden. Jetzt wird es interessant: Mit kreativ eingesetztem Darstellungsmaterial wird die Rede zum Leben erweckt.

Das Darstellungsmaterial: Zuckerguß für den Kuchen

Als Jugendpastoren haben wir Zugang zu unendlich viel Quellenmaterial – das Wort Gottes, die Kirche, unsere Jugendgruppen, die Welt, in der wir leben. Tag für Tag erleben wir vierundzwanzig Stunden lang, was das Leben um uns her treibt – wenigstens *eine* Erfahrung daraus ließe sich doch bestimmt wunderbar in unser Darstellungsmaterial einarbeiten! Sehen Sie es mal so: Wenn wir uns daran gewöhnen könnten, täglich nur eine einzige Erfahrung zu behalten, dann hätten wir schon 365 Erlebnisse pro Jahr. Ganz schön spannend, was? Besonders im Vergleich zu dem Dutzend Erlebnisse, die wir in den letzten 365 Tagen zum besten gegeben haben (davon sind drei auch noch von anderen Rednern geklaut).

Ich werde oft gefragt, wie ich mir neues Material für Illustrationen, Beispiele und bildliche Vergleiche beschaffe. Ich hole es mir aus dem Alltag. Auch Ihnen steht dieser üppige Garten zur Verfügung. Wenn wir

72

unsere Kommunikationskünste über den Durchschnitt erheben wollen, müssen wir uns darin üben, Lebenserfahrungen zu erkennen und in uns aufzunehmen, statt sie an uns vorübergleiten zu lassen. Jede, aber auch wirklich jede Situation in Ihrem Leben hat das Potential, Sie etwas über das Leben als Christ, über Gottes Wesen, über die Menschen zu lehren. Sie müssen nur lernen, das wahrzunehmen. Das Leben findet jeden Moment statt, nicht nur, wenn Sie gerade darauf achten!

Ein paarmal bin ich mit Freunden in Bill Cosbys Live-Show gegangen. Mit Sicherheit kommt von einem von uns hinterher die Bemerkung: „Warum fällt mir so etwas nicht ein?" Ich halte Cosby für ein Genie, weil seine Komik von den witzigen Begebenheiten lebt, mit denen wir alle Tag für Tag zu tun haben. Bill Cosby nimmt sich dieser Alltagserfahrungen an, stellt sie uns vor und bewirkt damit, daß wir staunen. Den ganzen Abend lang stoßen die Zuhörer einander in die Rippen und flüstern, kaum daß sie nach dem Gelächter Luft holen konnten: „Genau so ist es." Alle beliebten Unterhaltungssendungen schöpfen ihre Komik aus Alltagssituationen, mit denen wir uns identifizieren können.

Wenn unsere Kommunikation wirken soll, müssen wir uns klarmachen, daß die logischste Rede der Welt wertlos bleibt, wenn niemand zuhört. Illustrationen und Anekdoten sind der Zuckerguß, mit dem wir uns interessierte Zuhörer verschaffen.

Vor dem Einsatz von Anschauungsmaterial sollten wir uns zwei Fragen stellen:

• Wird das Publikum sich für unsere Anschauungsbeispiele interessieren?
• Trägt das Anschauungsmaterial zur Verstärkung und Verdeutlichung der Botschaft bei?

Üben wir uns darin, die Edelsteine des Lebens zu erfassen, wie sie sich uns bieten, und sie zur Illustration und Verdeutlichung der Botschaft einzusetzen.

Und wo findet sich dieses Anschauungsmaterial? Überall. Beim Fernsehen, auf dem Weg zur Arbeit, aus unseren Reaktionen auf Ereignisse, bei der Beobachtung unserer Kinder, beim Einkauf, im Gottesdienst, bei der elektrostatischen Aufladung, wenn wir über den Teppich gegangen sind, bei neuen Auswüchsen der Mode und den Reaktionen von Mitmenschen auf unseren Glauben.

Wir müssen uns darin üben, aktiv zu beobachten und an allem teilzuhaben, was wir lesen, sehen, hören, fühlen und erfahren. Verlassen Sie sich nicht allein auf Bücher mit Anschauungsmaterial, weil hier nur die Erlebnisse anderer Menschen gespeichert sind. Eine persönliche Begebenheit kann dem Vortrag viel mehr Schwung verleihen. Wenn Sie sich mit Material aus zweiter Hand versorgen, brauchen Sie einen besonderen Dreh, um Leben hineinzubringen.

Es gibt da eine Geschichte, die ich bestimmt schon hundertmal gehört habe. Wahrscheinlich ist sie ganz in Ordnung. Trotzdem finde ich sie irgendwie konstruiert. Vor allem das Ende ist meiner Meinung nach an den Haaren herbeigezogen (ehrlich gesagt, finde ich es unglaubwürdig.) Die Geschichte beschwört eine idyllische Landschaft um eine Eisenbahnbrücke, die über einen Kanal führt. Neben den Schienen wohnt ein liebevoller Vater mit seinem kleinen Sohn. Der Vater muß die Brücke hochklappen, damit die Schiffe passieren können, und sie dann wieder zurückklappen, damit die Züge sicher über den Kanal kommen. Der Erzähler versäumt nicht, uns die Liebe des Vaters zu seinem Söhnchen und die Idylle ihres ziemlich einsamen, einfachen Lebens klarzumachen.

Wie die Geschichte so will, hört eines Tages der Vater den Zug kommen und muß feststellen, daß die Brücke noch nicht heruntergeklappt ist. Er läuft zum Schaltpult und will schon den Knopf drücken, als er aufschaut und seinen Sohn im Getriebe des Klappmechanismus spielen sieht. Er hat kei-

74

ne Zeit mehr, ihn zu warnen. Es gibt nur zwei einfache Möglichkeiten: Wenn der Vater das Leben der Zugpassagiere retten will, kommt sein geliebter Sohn um. Mit Tränen in den Augen drückt er den Schalter und muß zuschauen, wie sein Sohn von den Getrieberädern zerquetscht wird.

Die Geschichte soll als Illustration für das dienen, was Gott für uns getan hat. Die Lehre aus der Geschichte sagt mir durchaus zu, wenn sie auch gewisse logische Mängel hat (schließlich ist Jesus nicht aus Unaufmerksamkeit am Kreuz gelandet). Auch weiß ich, daß sie vielen Menschen etwas gegeben hat – vielleicht haben auch Sie schon etwas davon gehabt. Als Vater läßt sie mich allerdings völlig kalt. Wenn ich zwischen meinem Kind und einem Zug mit wildfremden Menschen entscheiden müßte, dann würde ich den Zug samt Reisenden baden gehen lassen.

Weil mir der gewohnte Schluß nicht zusagt, erzähle ich die Geschichte zwar, mache aber erst mal eine Pause, wenn der Vater zum Schalter greifen will. Dann frage ich: „Was hätten Sie getan?" Mehr als neunzig Prozent der Zuhörer geben an, sie hätten ihren Sohn gerettet. Ich gebe ihnen recht.

Wenn wir die Geschichte also mit einem Schuß Realismus betrachten, leuchtet uns erst recht ein, was es für Gott bedeutet haben mußte, unseretwegen seinen Sohn aufzugeben! Ein kleiner Dreh am Ende, und schon war nicht nur ich damit versöhnt, sondern hatte auch denen geholfen, die die Geschichte schon kannten, sie in einem neuen Licht zu sehen.

Wer das Richtige liest, hat eine sprudelnde Quelle für Anschauungsmaterial. Ein kleines Gedicht kann dem Vortrag ungewöhnlichen Nachdruck verleihen. Hier das Gedicht „Im Garten belauscht" von Elizabeth Cheney. Wenn man es vorliest, kann man den Unsinn der Sorgen bildlich verdeutlichen.

Das Rotkehlchen zum Sperling spricht:
„Würde wirklich gerne wissen
warum die Menschen so verkrampft
und sorgenvoll sich mühen müssen."

75

Der Sperling weiß die Antwort schnell:
„Ich glaube fast, sie wissen nicht,
daß sie einen Vater haben
über uns im Himmelslicht."

Alles, was wir lesen und erleben, ist Material für Illustrationen. Es gilt also, sich an diese Erlebnisse zu erinnern und im Vortrag zu verwerten. Dazu ein paar Ideen:

Beobachten lernen.
Wir sind so darauf versessen, etwas zu tun, daß wir von einer Lebensaufgabe zur andern eilen, ohne zu sehen, was um uns herum vorgeht. Wir müssen es uns auferlegen, einmal innezuhalten, hinzuschauen und zuzuhören. Machen Sie einmal folgendes Experiment: Versuchen Sie morgen, alles wahrzunehmen, was auf Sie zukommt. Zum Experiment gehört ein Notizbuch, das Sie immer dabei haben. Sie brauchen nicht alles aufzuschreiben, mindestens aber das, was Sie gefühlsmäßig bewegt oder in irgendeiner Weise aus dem Rahmen fällt: wie grob eine gehetzte Mutter ihr Kind durch den Supermarkt treibt, wie ungeduldig ein Autofahrer Sie beim Spurenwechsel schneidet.

Wenn eine Erfahrung Sie bewegt oder Ihre Aufmerksamkeit erregt, dann bewegt sie wahrscheinlich auch andere. Das ist der Stoff, aus dem gutes Anschauungsmaterial gemacht ist. Alles, was Sie zum Lachen bringt, wütend, traurig oder glücklich macht – kurz, worauf Sie gefühlsmäßig reagieren –, lohnt sich, aufgeschrieben zu werden. Lesen Sie am Ende des Tages nach, was Sie erlebt haben. Radieren Sie aus, was seine Wirkung verloren hat; lassen Sie stehen, was beim Lesen immer noch wirkt. Damit haben Sie ein paar wirkungsvolle Illustrationen zur Hand, die Sie verpaßt hätten, wären Sie blind durch den Tag gestolpert. Lernen Sie zu beobachten, was um Sie herum los ist!

76

Haben Sie vielleicht ein paar gute Sammlungen mit Anschauungsmaterial?

BIBLIOTHEK

Bibliothekarin

77

Methoden zur Aufzeichnung von Ideen.
In einem Artikel zum Thema „Besser Reden" habe ich geschrieben, daß Notizblock und Stift die beiden wichtigsten Werkzeuge sind, die man für gelungene Kommunikation braucht. Die Einträglichkeit meiner beruflichen Bemühungen hängt davon ab, wieviele neue Geschichten und Illustrationen ich mir aneigne. Es nützt nichts, sensibel für die Wunder des Lebens in unserem Alltag zu werden, wenn wir uns nicht lange genug daran erinnern, um das Beobachtete auch einsetzen zu können.

Wenn Ihr Verstand ähnlich wie meiner funktioniert, dann vergessen Sie manchen Vorfall schon nach Minuten. Geschieht etwas Besonderes, dann beeindruckt mich die eventuelle Verwendung als Illustration so sehr, daß die Möglichkeiten wie Flammen in mir auflodern. Sechzig Sekunden später bleibt davon nichts übrig als Asche und das klare Bewußtsein, daß ein vielleicht tolles Beispiel sich in Luft aufgelöst hat. Geht es nur mir so? Wohl kaum. Ist es Ihnen nicht auch schon passiert, daß Sie kurz nach dem Kennenlernen schon den Namen einer Person vergessen haben?

Immerhin hatten Sie aber die Idee, dieses Buch zu kaufen. Damit haben Sie Ihre Intelligenz unter Beweis gestellt. Mit solchen geistigen Fähigkeiten verfügen Sie über ein hohes Maß an Kreativität und Kommunikationsbegabung. Verschwenden Sie keine einzige Gehirnzelle mit angestrengtem Nachdenken über die wunderbaren Häppchen, die sich Ihnen bieten. Machen Sie sich lieber sofort Notizen und bewahren Sie sich den ganzen geistigen Elan zur kreativen Arbeit an den größten Vorträgen der Weltgeschichte. Albert Einstein, das große Genie unseres Jahrhunderts, notierte sich sogar die winzigsten Einfälle. Er gestand einmal, daß er nie versuche, etwas im Gedächtnis aufzubewahren, wenn er es nachschlagen könne (einschließlich seiner eigenen Telefonnummer). Wenn Einstein Notizen so praktisch fand, dann könnten auch wir vielleicht davon profitieren.

Als ehrgeiziger Jugendmitarbeiter sollte man nie ohne Papier und Bleistift aus dem Haus gehen. Machen Sie bei jeder Gelegenheit davon Gebrauch. Schreiben Sie nicht nur Beobachtungen, sondern auch die Ideen auf, zu denen das Gesehene anregt. Notieren Sie zusätzlich, welche Redeentwürfe diese Beobachtung bereichern könnte.

Legen Sie Papier und Bleistift auch neben das Kopfkissen. Die besten Ideen stellen sich manchmal bei mir ein, wenn ich einzuschlafen versuche. Aufgepaßt! Wenn man im Halbschlaf Notizen macht, sollten sie ausführlich genug sein. Zu den Merkmalen von Geistesriesen wie uns gehört der Makel, den Zweck des Notierten schnell zu vergessen. Das gilt besonders für die Nachtstunden. Ich weiß noch, wie ich eines Nachts nach einem Traum mit einer großartigen Idee wach wurde. Schnell griff ich nach dem Stift, kritzelte etwas auf den Notizblock und schlief seelenruhig ein. Schließlich wußte ich, daß der Gedanke zu Nutz und Frommen meiner Nachwelt aufgehoben war. Morgens wachte ich auf und sah das Wort „Hähnchen" in Krakelschrift auf dem Blatt. Keine Ahnung, was ich davon halten sollte oder woher es kam. Ich wußte nur noch, daß es sich um die tolle Idee aus nächtlicher Stunde handeln mußte.

Auch wenn es etwas Zeit und Mühe kostet, sollte man Beobachtungen und Geistesblitze so detailliert aufschreiben, daß man mehr als „Bahnhof" wahrnimmt, wenn man sie wieder zur Hand nimmt.

Mancher bedient sich lieber eines Diktiergeräts. Man nimmt es immer dann zur Hand, wenn sich eine Idee einstellt. Das ist besonders nützlich, wenn man zu mitternächtlichen Inspirationen neigt. Man braucht nicht die Lampe anzuknipsen, um erst einmal herauszufinden, ob man mit dem richtigen Ende des Stiftes schreibt. Noch frustrierender nämlich als das bedeutsame Wort „Hähnchen" aus nächtlicher Produktion ist der Versuch, eine gesamte Seite exzellenter Ideen zu lesen, die man im Zustand geistiger

Umnachtung mit dem Radiergummi geschrieben hat. Doch auch das Diktiergerät hat seine Tücken. Einmal diktierte ich mitten in der Nacht konzentriert eine ausführliche Illustration in die Fernbedienung des Fernsehers. Ein weiterer Nachteil des Gerätes: wenn das Band noch nicht abgeschrieben worden ist, hat man das Problem, sein Material überhaupt wiederzufinden.

Anschauungsmaterial abheften und sortieren.
Man sollte diese Illustrationen unbedingt so abheften, daß sie auch später noch nützen. Vor Jahren zum Beispiel leistete ich mir im Restaurant einen Streich, der in den Bestand meiner Illustrationen eingegangen ist:

Als meine Familie und ich Platz nahmen, knallte eine angesäuerte Kellnerin (sie sah aus wie ein Boxer, dem gerade ein Tiefschlag versetzt worden war) die Karten auf den Tisch und herrschte uns an: „Was wollen Sie?" Ohne das winzigste Lächeln nahm sie die Bestellung entgegen. Als ob sie uns dafür bestrafen wollte, daß wir ausgerechnet in ihr Restaurant zu kommen gewagt hatten! In meiner Tasche hatte ich eine kleine Handpuppe aus Kaninchenfell. Wenn man geschickt damit umging und hier und da ein Quieken anbrachte, sah das Ganze einer lebendigen Ratte so täuschend ähnlich, daß ich fast schon selbst daran glaubte.

In der Hoffnung, der Kellnerin einen Sonnenstrahl in die Seele zu schicken und ein Lächeln auf ihre Lippen zu zaubern, versteckte ich den kleinen Schurken unter dem Salat und ließ den Schwanz über den Rand hängen. Als sie an den Tisch kam, packte ich die Handpuppe am Schwanz und ließ sie quiekend auf meinen Arm und dann ins Hemd laufen. Die Kellnerin hinterließ eine Spur der Verwüstung, als sie fluchtartig die Stätte des Grauens verließ. Tische und Teller purzelten durcheinander, Kinder schrien nach ihren Müttern, es war ein einziges Chaos. Dabei wollte ich sie überhaupt nicht erschrecken. Entsprechend hatte auch der Geschäftsführer nicht die Absicht, uns gleich nach unserem Eintreffen rauszuwerfen, was er dann aber tat.

80

Damals war die Sache ziemlich dumm gelaufen, aber nach einiger Zeit fing ich an, das Erlebnis zu erzählen. Die Leute hatten ihren Spaß daran. Weil diese Geschichte auch vorgespielt und nicht nur erzählt werden kann, wurde sie bald zum Renner. Ich hatte alles Wort für Wort aufgeschrieben. Später strich ich sie auf ein paar Sätze zusammen, um das Entscheidende an der Illustration zu behalten. Letzten Endes wurde das Wort „Ratte" zum Auslöser für die gesamte Begebenheit.

Wenn Sie eine eigene Akte anlegen, wird es zunächst nötig sein, das Darstellungsmaterial akribisch genau aufzuschreiben. Wenn man sich aber an das Verfahren gewöhnt hat, reicht ein einziges Wort. „Hochzeit" könnte der Begriff sein, der die Begebenheit auf einer Hochzeit wachruft. „Der Blinde" könnte das Gedächtnis ebenso aktivieren: das war die rührende Geschichte mit dem blinden Jungen.

Querverweise.
Als nächstes sollten sie diese Illustrationen mit thematischen Querverweisen versehen. Wenn man eine bestimmte Rede halten soll, lassen sich schnell nur die Beispiele sichten, die auch zum Thema passen. Die Rattengeschichte ist wegen ihres Witzes und der Wirkung in vielen Situationen einsetzbar. Ich habe sie unter Reden zu den Themen „Glauben" und „Angst" eingeordnet. Die Rattengeschichte ist ein Beispiel für das Prinzip, daß man sich entsprechend seinem Glauben auch verhält. Die schlechtgelaunte Kellnerin glaubte, es handle sich um eine echte Ratte. Ihr ganzer Körper reagierte darauf, als sei es eine Tatsache. Die Geschichte illustriert ebenso unsere irrationalen Ängste. Wenn ich hingegen in der Dienstleistungsbranche, zum Beispiel in der Gastronomie oder in Fluggesellschaften, motivierende Vorträge halten soll, dann nutze ich die Geschichte als abschreckendes Beispiel dafür, wie man Kunden *nicht* behandeln sollte. Manchmal reicht sie auch einfach, um die Aufmerksamkeit der Zuhörer zu gewinnen. Wenn ich dabei die Handpuppe einsetze, klappt das immer!

Außerdem sollte man eine dauerhaftere, thematisch geordnete Akte anlegen. Wenn man einen Vortrag zum Thema Liebe halten soll, kann man den Abschnitt „Liebe" aufschlagen, durchblättern und eine Reihe von Stichworten unter dieser Überschrift finden. Jedes Stichwort verweist auf eine Anekdote oder Illustration. Auch längere und weniger vertraute Geschichten finden hier Platz. Diese Akte läßt sich mit Artikeln bereichern, die man aus Zeitschriften ausreißt, Beobachtungen aus eigener Erfahrung und Querverweisen auf andere Akten, wo sich weiteres Darstellungsmaterial zum Thema Liebe findet.

Wenn Sie einen Computer haben, können Sie eine entsprechende Datei einrichten oder sich ein Programm kaufen, das diese Überschriften für sie sortiert. Unter „Themen" können Sie Dutzende von Stichworten unterbringen, die für jeweils passende Illustrationen stehen. Ein Tastendruck, und schon haben Sie die Geschichte in aller Ausführlichkeit auf dem Monitor, falls Sie vergessen haben, was das Wort bedeutet.

Die Arbeit an der Materialsammlung.
Wenn Sie gewissenhaft Ihre Alltagserlebnisse aufschreiben, finden sich darunter auch Geschichten, die sich bisher nicht anbringen ließen. Das Sammeln und Verarbeiten von Material erfordert Entschlossenheit, Konzentration und Zeit. Der Lohn aber ist enorm, weil dieses Material Ihre Reden lebendig und persönlich macht. Alle großen Vortragskünstler sind Meister darin, Illustrationen zu finden und sie zu verarbeiten.

Wenn Sie viel unterwegs sind und ständig ein anderes Publikum haben, brauchen Sie nur ein paar Anekdoten. Wenn Sie aber häufig zu den gleichen Zuhörern sprechen, ist bald das Ende der Fahnenstange erreicht, und Sie müssen sich neue Quellen erschließen.

Am 28. Januar 1986 hoben sechs Astronauten und eine Lehrerin vom Kennedy-Space-Center ab. Nach knapp zwei Minuten Flugzeit explodierte die Rakete. Der Ex-

82

plosionsblitz versetzte die ganze Nation in lähmendes Entsetzen.

Als sich bei mir Trauer und Erschütterung legten, schrieb ich nebst allen Einzelheiten des Vorfalls sämtliche Gefühle und Gedanken nieder, die mich bewegt hatten. Das Ergebnis war eine ausgezeichnete Illustration, die damals fast jeden ansprach. Doch nach und nach wurde daraus ein ganz neues Thema: „Die größte Tragödie auf Erden". Jetzt ging es darum, daß das traurige und entsetzliche Challenger-Unglück von einer noch schlimmeren Tragödie übertroffen wird. Die sieben Astronauten starben auf dem Höhepunkt ihrer Laufbahn. Ihre aufopfernde Mühe hatte sie der Verwirklichung ihrer Ziele näher gebracht. Ihr Tod angesichts von Ruhm und Ehre war ein wirklich trauriges Ereignis; viel schlimmer aber ist es, ohne Einsatz und Ziel gelebt zu haben. Wer sich am Ende seines Daseins eingestehen muß, nie etwas angestrebt, sinnlos gelebt und keinen Frieden mit Gott zu haben, steht am Rand einer viel größeren Tragödie. Die Schlagzeile vom betrunkenen jungen Mann, der von der Straße abkam und so sein Leben verwirkte, ist viel trauriger als das Challenger-Unglück. Eine Schießerei zwischen Jugendbanden, bei der jemand umkommt, ist ebenfalls Beispiel für solch eine Tragödie.

Also nochmal: Halten Sie überall Ausschau nach Anschauungsmaterial. Lernen Sie, alles zu beobachten, was in Ihrer Umgebung passiert. Zeichnen Sie alles auf, was passiert. Nutzen Sie die Beispiele als Verdeutlichung für Ihre Aussagen. Machen Sie den Vortrag damit lebendig.

Sie haben nun also einen Gegenstand und daraus einen Einzelaspekt gewählt, Ihre Redeabsicht und daraus die logisch einleuchtende Argumentation entwickelt. Durch Darstellungsmaterial haben Sie für Leben im Vortrag gesorgt. Jetzt wird es Zeit für eine Bewertung.

Evaluation: Die Überprüfung Ihrer Vorbereitung

Bei der Evaluation geht es zu wie in einem Filter: Der Plan für die Rede wird von Unreinheiten befreit. Folgende Fragen sollten an das grobgestrickte Vorhaben gestellt werden:

1. Habe ich mich an die Schritte der G.E.R.A.D.E.-Methode gehalten?
2. Habe ich meine Zielgruppe berücksichtigt?
3. Bin ich auf die Bedürfnisse der Jugendlichen eingegangen?
4. Interessiert das Thema die Jugendlichen überhaupt wirklich?
5. Weiß ich über mein Thema Bescheid, oder muß ich Nachforschungen anstellen?
6. Bleibt die Rede im Rahmen der Vorgaben, die mir gegeben wurden? Paßt sie zum Thema der Veranstaltung oder zu dem, was verabredet wurde?
7. Habe ich meine Redeabsicht klar formuliert? Weiß ich genau, wohin ich mein Publikum führen will?
8. Beziehen sich meine Hauptpunkte (die Argumentation) direkt auf das Schlüsselwort der Redeabsicht?
9. Habe ich die Argumentation auf ein paar Punkte beschränkt, oder habe ich versucht, zuviel Material einzubringen?
10. Habe ich meiner Rede durch interessantes Anschauungsmaterial Leben verliehen?
11. Lassen sich Argumentation und Ziele mit der biblischen Wahrheit vereinbaren?

Manchmal sieht man sich bei der Bewertung gezwungen, die gesamte Redeabsicht neu zu überdenken; ansonsten trägt dieser Schritt einfach dazu bei, den Vortrag klarer und deutlicher zu fassen.

Jetzt sind die Schritte der G.E.R.A.D.E.-Methode abgeschlossen. Sie stehen nun vor der endgültigen Bearbeitung der Rede.

Anmerkung: Die Wiedergabe der G.E.R.A.D.E.-Methode (orig. „S.C.O.R.R.E.-Method") in diesem Buch ist das Konzentrat eines ausführlichen und systematischen Lehrgangs. Wenn Sie an Information zum „Dynamic Communicators Workshop" oder anderen Materialien zum Thema Kommunikation interessiert sind, schreiben Sie an:
Ken Davis Productions, P.O.Box 745940, Arvada, CO 80006-5940. Tel.: Vorwahl USA, 1-800/425-0873.

Ist das ein stilles Gebet?

Nein, er bereitet sich auf die Rede vor.

3. Kapitel
Die alte Geschichte – neu erzählt

Zur Warnung: Wer die gerade gelernte Planungsmethode mißbraucht, könnte sich wie ein Roboter anhören. G.E.R.A.D.E. ist eine Methode zur Vorbereitung, mit der sich Ziele und die Schritte dahin bestimmen lassen. Der Satz, den Sie formulieren gelernt haben, hat etwas von einem Fundament, auf dem man ein schönes Haus bauen kann. Wenn Sie aber in der Rede wortwörtlich wiederholen, was in der Absichtserklärung steht, müßte man schon Wachen an die Tür stellen, damit die Zuhörer nicht in Scharen weglaufen.

Ein nacktes Fundament allein ist noch kein Haus. Es hat keinen Selbstzweck, sondern dient nur als Grundlage für ein Gebäude. Wenn ein Fundament gelegt ist, wird es überbaut. Es ist zwar unentbehrlich, aber nicht unbedingt sichtbar. Die G.E.R.A.D.E.-Methode hat ihren zunächst mal sehr starren Zuschnitt, damit man „straight" und zielorientiert bleibt. Solange man das Ziel im Auge hat, ist die Phantasie die einzige Schranke für eine lebendige Darbietung. Deshalb ist die G.E.R.A.D.E.-Methode auf die Vorbereitung beschränkt und hat keine direkte Bedeutung für die Art der Darbietung.

In diesem Kapitel geht es um Methoden, mit denen sich eine Botschaft präsentieren läßt, die auf einer eindeutigen, soliden und zielweisenden Grundlage beruht. Sich an Ziele zu halten bedeutet noch lange nicht, langweilig und durchsichtig zu wirken. Wir sollten immer wieder nach neuen, kreativen Mitteln streben, die Wahrheit zu vermitteln.

Jesus hat nie ohne klare Absicht geredet, sich aber vielfältiger Methoden bedient, um verstanden zu werden. Er sprach in bildhaften Vergleichen und bewegenden Geschichten, damit eine weithin ungebildete Gesellschaft die Wahrheit erkannte. Diese Methoden haben ihre Wirkung bis heute nicht verloren.

Heute haben Bilder und Klänge das geschriebene Wort als Mittel zur Ausbreitung von Information beinahe verdrängt. Die junge Generation nimmt sich viel mehr Zeit zum Fernsehen als zum Bücherlesen. Wir müssen flexibel in unseren Methoden werden, um an die Nichtleser unter den Kids heranzukommen.

Alle Chancen nutzen

Dazu ein Beispiel. Sie haben eine durchschnittliche Jugendgruppe mit ein paar besonders rebellischen Kids (na schön, bei Ihnen kommt das nicht vor – lassen Sie sich trotzdem auf das Spiel ein). Viele haben Angst, sich Gott wieder zuzuwenden. Sie fürchten, zu weit gegangen zu sein. Sie glauben, Gott wolle nichts mehr von ihnen wissen. Gleichzeitig verurteilen andere in der Gruppe diese Rebellen und haben kaum noch Mitleid. Sie, der Jugendleiter, haben Lukas 15 gelesen und sind tief beeindruckt. In der Geschichte vom verlorenen Sohn sehen Sie eine Botschaft der Hoffnung, in der Gott, der Vater, seine bedingungslose Liebe zu uns, seinen Kindern, beweist.

Ihr Gegenstand also ist die Liebe Gottes, der Aspekt das Begreifen der Liebe Gottes. Dann bringen Sie als Redeabsicht und Argumentation folgendes zu Papier:

Jeder Teilnehmer der Jugendgruppe kann Christus näher kommen, indem er zwei Fakten zur Liebe Gottes versteht.
1. Gott liebt uns, egal, was passiert ist!
2. Gott möchte, daß wir nach Hause kommen!

88

Natürlich ließe sich dieser Inhalt so präsentieren: Sie stellen sich vor der Gruppe auf und kündigen mit volltönender Stimme an, daß Sie heute über zwei Tatsachen referieren wollen, deren Kenntnis die ganze Gruppe näher zu Christus bringt. Dann halten Sie eine Superpredigt in zwei Punkten in klassischer, appellativer Manier. Völlig in Ordnung. Welche Möglichkeiten aber gäbe es denn noch?

Man könnte einfach die Geschichte vorlesen, so wie sie dasteht, und mit Fragen die beiden Wahrheiten Ihrer Argumentation herausarbeiten.

Oder: falls man die Geschichte vom verlorenen Sohn gut genug kennt, könnte man sie in die Gegenwart übertragen. Beispielsweise könnte man als Hauptfiguren Menschen aus unserer Gesellschaft wählen. Der Vater besitzt eine florierende BMW-Vertretung. Der Sohn verlangt seinen Anteil und verschwindet nach Las Vegas, wo er alles verliert. Als er zurückkommt, vergibt ihm der Vater restlos und macht eine große Party für ihn. Fragen Sie die Zuhörer, was sie von der Geschichte halten. Fragen Sie, wie Gott sich ihrer Meinung nach fühlen würde, wenn eins von seinen Kindern sich von ihm abkehrt und dann zurückkommt. Lesen Sie danach das Gleichnis im Wortlaut aus der Bibel vor.

Die Zuhörer einbeziehen

Stellen Sie Fragen, durch die Ihre Jugendlichen die Wahrheit ermitteln können, die Sie im Sinn haben: Kennst du jemand, der von zu Hause abgehauen und vor die Hunde gegangen ist? Ist er zurückgekommen? Warum? Warum nicht? Wie wurde er empfangen, als er zurückkam? Wie fühlt Gott sich eurer Meinung nach, wenn wir ihm die kalte Schulter zeigen, weil wir glauben, es mache mehr Spaß, zu tun, was man will? Was Gott wohl denkt, wenn wir wieder nach Hause kommen?

Was für eine tolle Chance, die Kids in ihren verschiedenen Stufen der Rebellion zur Rückkehr zum Vater anzuregen! Was für eine Gelegenheit, den anderen Jugendlichen zu zeigen, daß sie Gnade mit den aufrührerischen Teilnehmern der Gruppe walten lassen sollten.

Wie wäre es mit einem Rollenspiel zu dieser Geschichte? Zuerst wird sie vorgelesen. Dann muß einer die Rolle des Vaters übernehmen, ein anderer wird zum Verlorenen Sohn, der nächste dessen Bruder. Die übrigen werden zu Dienern, die das ganze Geschehen beobachten. Ein paar aus der Gruppe könnten sogar die Rolle der Schweine übernehmen. Die könnten ihre Gefühle angesichts des reichen Jungen loswerden, der ihnen ihr Futter wegißt. Wenn Sie selbst Vater oder Mutter sind, hätten Sie hinterher die Chance, von der Liebe zu Ihren eigenen Kindern zu erzählen.

Vielleicht haben Sie tatsächlich einen Sohn oder eine Tochter, die auf die schiefe Bahn geraten sind, dann aber wieder nach Hause kamen und wieder aufgenommen wurden. Solche Berichte haben ihre ganz eigene Wirkung. Stellen Sie Fragen, die zum Thema Liebe und Gnade anregen, und schließen Sie dann mit dem biblischen Text vom Verlorenen Sohn, ohne ihn abschließend zu kommentieren. Denkbar, daß der eine oder andere in der Gruppe von Erfahrungen berichtet, wie er sich selbst in so einer Situation gefühlt hat. Erwägen Sie auch, wie nachhaltig dieses Gleichnis wirken könnte, wenn Sie gemeinsam mit den Jugendlichen ein Video produzieren würden. Darin ließen sich gut die beiden Wahrheiten unterbringen, um die es Ihnen geht.

Alle diese Darbietungsmethoden sind auf das solide Fundament der wohldurchdachten Redeabsicht gegründet: „Jeder Teilnehmer der Jugendgruppe kann Christus näher kommen, indem er zwei Fakten zur Liebe Gottes versteht."

Keine Angst vor der Drei-Punkte-Predigt

Die gute alte Drei-Punkte-Predigt kann manchmal sehr wirkungsvoll sein. Sie brauchen keine Skrupel zu haben, sie einzusetzen. Hüten Sie sich nur vor Mißbrauch. Beim obigen Beispiel würden in einer klassischen Predigt die beiden Fakten als Punkte der Rede tatsächlich genannt werden. Bei der Methode der Erzählung werden die Fakten im Zusammenhang der Geschichte deutlich. Beim Rollenspiel und dem anschließenden Gespräch hängt es von den Fragen und den Rollen selbst ab, wie die Wahrheit zutage tritt. Man könnte die ganze Veranstaltung so aufziehen, daß ein bloßes Vorlesen des Textes gegen Ende alle Fragen beantwortet, die während des Treffens aufgekommen sind: „Gott liebt uns, egal, was wir getan haben! Gott möchte, daß wir nach Hause kommen!"

Wenn man erst die Hauptaussagen erarbeitet hat, die man vermitteln will (Argumentation) und weiß, was man mit diesen Aussagen erreichen will (Redeabsicht), dann steht einem eine ganze Welt kreativer Möglichkeiten offen. Nutzen Sie diese Möglichkeiten bei der Planung, stets das Ziel im Sinn – und dann sorgen Sie für Erinnerungen, die haften bleiben.

91

4. Kapitel
Nehmen Sie sich Zeit

Henry steht unter Druck. Woche für Woche hält er sich den Dienstag frei, um das Jugendmeeting am Mittwochabend vorzubereiten. Diesen Dienstag hat er gerade mit dem Thema angefangen, als das Telefon klingelt. Es ist die Mutter eines Jugendlichen, und sie ist ganz verzweifelt. Er hört zu, nimmt sich eine halbe Stunde Zeit für ihr Problem und geht dann an den Schreibtisch zurück. Da klopft es an der Tür. Ein paar Kids aus der alten Jugendgruppe stehen davor und fragen, ob sie ein paar Augenblicke verweilen können. Anderthalb Stunden später danken sie Henry, daß er sich so viel Zeit für sie genommen hat, und gehen endlich. Henry schaut auf seine Uhr. Zum Pastorentreffen im Dorfrestaurant kann er nicht mehr pünktlich kommen. Der Hauptpastor hatte Henry gebeten, ihn dort zu vertreten, und jetzt verspätet er sich auch noch! Bei so einem Rückstand kann er nur noch versuchen, das Versäumte nachzuholen. Den ganzen Tag kommt er nicht mehr dazu, an seinem Vortrag zu arbeiten. Um halb zwölf fällt er erschöpft auf die Matratze. Der Pastor wollte frühmorgens wieder zurück sein, und Henry hatte versprochen, ihn vom Flughafen abzuholen. Für morgen war schon jede Stunde verplant. Wann soll er sich da für das Jugendmeeting vorbereiten? Beim Einschlafen versucht Henry sich zu merken, daß er in der Mittagspause am Vortrag des Abends arbeiten müsse. Doch auch das sollte nicht klappen. Henrys Frau, zwei seiner Jugendlichen und der Pastor hatten ihn schon verplant. Henry verschob die Vorbereitung auf das Abendessen und vollendete die letzten Notizen auf dem Weg zur Kirche. Dabei verursachte er beinahe zwei Auffahrunfälle. An diesem Abend war seine Botschaft ziemlich mittelmäßig, passend zu einem dürftig geplanten Jugendmeeting. Es reichte

92

ihm allmählich. Am schlimmsten fand er, daß es schon zigmal so gelaufen war und wahrscheinlich auch in Zukunft so sein würde.

Klingt vertraut, was? In diesem Kapitel geht es um Maßnahmen, wie man der Hetze entgehen und wieder das Steuer in die Hand nehmen kann.

Vorbereitung in Phasen: Kleine Happen, gut durchgekaut

Zeit gehört zu den wertvollsten Bestandteilen eines guten Vortrags. Wenn ein Redner den gesamten Vortrag in der Woche vor dem Termin vorbereitet, leistet er sich selbst, seiner Jugendgruppe und schließlich der Rede selbst einen schlechten Dienst. Der Zeitraum, über den sich die Arbeit an der Rede verteilt, ist so wichtig wie die reine Vorbereitungszeit daran. Anders gesagt, wenn man den Vortrag für den Samstag innerhalb von zwei Stunden am Freitag schaffen will, kann er bei weitem nicht so wirken, als wenn die Vorbereitungszeit von zwei Stunden über drei Wochen verteilt wird.

> Eine Rede hat etwas von einem guten Wein. Der ist auch am besten, wenn die Gärung abgeschlossen ist und ein Reifeprozeß eingesetzt hat. Ein guter Gastgeber würde nie einen Wein servieren, der erst am Tag zuvor in die Flasche gefüllt wurde. Ähnlich läßt es sich kaum entschuldigen, wenn man mit einer Botschaft aufkreuzt, die noch nicht richtig „ausgegoren" ist.

Für jede Rede oder Predigt lassen sich vier Phasen ansetzen. Zunächst kommt die Phase der Ideen und Gedankenblitze. Hier dürfen die kreativen Säfte fließen. Der Verstand liegt

93

nicht an der Leine. Alles ist erlaubt; nichts soll den Stift am Schreiben hindern. Notieren Sie sich alle möglichen Gedanken am Rande: Anschauungsmaterial, Erwartungen der Zielgruppe, ein Witz zum Einstieg. Man denkt wahrscheinlich an Einzelheiten, die noch überarbeitet werden müssen, bevor sie ausgesprochen werden; bringen Sie auch das in Rohform zu Papier. Darunter sind vermutlich auch Gedanken, die, laut ausgesprochen, zur Kündigung führen könnten. Bitte auch die aufschreiben!

In dieser Phase ist Ihr einziges Ziel, hemmungslos das ganze Blatt mit Ideen zu füllen – ein Brainstorming in eigener Sache.

Vielleicht kommt Ihnen jetzt schon Thema oder Einzelaspekt in den Sinn. Selbst Argumentation und Redeabsicht mag Ihnen einfallen. Um so besser – das ist Ihr Vorsprung. Man darf nur nicht vergessen, daß die Rede in dieser Phase noch nicht in die endgültige Form gebracht werden muß. Sie bedarf eigentlich überhaupt noch keiner Form. Nur Möglichkeiten werden angedacht. Diese Ideen werden sich ständig entwickeln, selbst bei der Arbeit an anderen Vorträgen in fortgeschritteneren Entwicklungsstadien. Wenn sich Gedanken einstellen, die zu anderen Themen passen, blättern Sie zum entsprechenden Abschnitt und machen dort die Notizen. Dann schlagen Sie wieder die Rede auf, an der Sie gerade arbeiten. Würden Sie diese Ideenphase überspringen oder damit warten, bis der Redetermin vor der Tür steht, dann gäbe es gar keine Entwicklung.

Als nächstes wird das Gerüst aufgestellt. In dieser Phase werden die Ideen in die G.E.R.A.D.E.-Methode eingebunden. Sie formulieren die Redeabsicht und die Punkte der Argumentation. Am Ende dieser Phase haben Sie exakt festgehalten, was Sie mitteilen wollen und wie Sie dabei vorgehen werden.

Die dritte Phase dient der Ausführung. Hier entscheiden Sie sich für Einleitung und Schluß und ordnen das Darstellungsmaterial der Argumentation und dem Ziel zu. Es geht um einen fesselnden Anfang, um gelungene Überleitungen

94

und einen Schluß, der die Zuhörer zum Handeln anregt. Machen Sie sich Anmerkungen bei den Stellen, die Ihrer Meinung nach noch etwas zu schwach sind. Die Überarbeitung dieser Punkte kann in der letzten Vorbereitungsphase stattfinden. Zur Not dürfte der Vortrag schon nach dieser Phase gehalten werden. Wahre Qualität aber bedarf eines weiteren Prozesses: der Reifung. Dabei gärt der Vortrag in den stilleren Gemächern Ihres Bewußtseins nach. Idealerweise sollte man jeder fertigen Rede mindestens eine Woche schenken, in der sie den „Enzymen" des Alltags ausgesetzt wird. Bei diesem faszinierenden Vorgang ergibt sich Klarheit in Bereichen, die uns bislang unklar waren. Da macht man nämlich erfahrungsgemäß Erlebnisse und Beobachtungen, die genau zur Rede passen (weil man die Dinge im Hinblick auf diese Rede wahrnimmt, regelrecht „mit ihr schwanger geht"). Größere Veränderungen finden nicht mehr statt, aber diese Zutaten tragen zum letzten Schliff bei, zu einem exzellenten Vortrag. Was langweilig war, erhält Strahlkraft. Oft erinnert man sich gerade in dieser Phase an Erfahrungen oder bekommt Ideen, gar Inspirationen, die dem Vortrag Leben verleihen. Man denkt: „Genau das ist die richtige Illustration für Sonntagabend!" Wenn das Gerüst der Rede nicht längst im Verstand verankert wäre, würde manches Erlebnis ins Vergessen entschwinden. Wie schade, wenn wir auf die Wirkung von lebendigen Erlebnissen verzichten müssen!

Die Zeit arbeitet für den gut vorbereiteten Redner. Wenn Sie der Rede diese Zeit der Reifung nicht gönnen, geraten besagte Erlebnisse und Beobachtungen in Vergessenheit, ja, Sie ahnen nicht mal etwas von Ihrer Existenz. Während einer Reifungsphase aber werden daraus überzeugende Anekdoten und Illustrationen. Sie bewirken eine Klärung, ohne die es nur Mittelmaß gibt. Und das Beste: Wenn Ihr Hauptpastor Sie dazu verdonnert, zwei Tage lang beim Weihnachtskartenversand einzuspringen und Briefmarken zu lecken, haben Sie immer noch die Wahl zwischen zwei oder drei vorbereiteten Reden, die schon in der

Reifungsphase sind. Jede kann von einem Augenblick auf den anderen gehalten werden, und zwar wegen der ausgiebigen Vorbereitungsphase mit mehr Energie als das, was Sie sonst zwischen Tür und Angel zu Papier bringen mußten. Selbst wenn der letzte Reifeprozeß noch nicht abgeschlossen ist, hatte der Vortrag Zeit zum Gären. Alles, was zumindest als Gerüst steht, ist besser als eine Rede, die man sich wegen Zeitmangels schnell aus den Fingern saugen muß.

Der Vorsprung

Ich weiß, was Sie jetzt denken: „Woher soll ich so viel Zeit zur Vorbereitung nehmen? Ich stecke doch schon bis zum Hals im Sumpf!"

Haben Sie sich noch nie gefragt, woher der Bundeskanzler die ganze Zeit nimmt, alles Notwendige zu schaffen? Vielleicht argwöhnen Sie, daß Spitzenmanager einen Extravorrat an Zeit haben, der normalen Sterblichen nicht zugänglich ist.

In Wahrheit haben wir alle nur die täglichen vierundzwanzig Stunden, in denen wir unser Pensum schaffen müssen. Ungeheure Arbeitslasten können nur mit Vorausplanung geschafft werden. Wer sich seine Zeit richtig einteilt, kann bei halbem Streß doppelt so viel wie sonst schaffen. Die Methode der Vorbereitung in Phasen funktioniert besonders gut bei Reden, läßt sich aber auch auf andere Lebensbereiche anwenden. Es gäbe viel weniger „Burnout"-Opfer in der Jugendarbeit, wenn wir uns ein angemessenes Zeitmanagement angewöhnen könnten.

Als erstes muß man sich an den Gedanken gewöhnen, daß anfänglich ein gewisser Preis zu zahlen ist, wenn man sich für die nächste Wegstrecke Freiheit verschaffen will. Vielleicht nehmen Sie sich Bleistift und Papier und notieren, wie hoch die Kosten sind.

Wer Zeit sparen will, muß sich Zeit nehmen. Ein kluger Finanzexperte weiß, daß man erst einmal Geld investieren muß, wenn man über längere Strecken Geld verdienen will. Man kommt nie aus dem Krisenmanagement heraus, wenn man nicht bereit ist, regelmäßig etwas vorab zu investieren. Wer diese Investition nicht scheut, darf in Zukunft eine großartige Dividende ernten: die Arbeit wird effektiver, man hat mehr Zeit für den Ehepartner, und die kommunikativen Fähigkeiten lassen sich steigern.

Vielleicht ist es nötig, daß Sie Ihren Vorgesetzten umpolen und vom Sinn dieser Maßnahme überzeugen müssen: Sie brauchen etwas Zeit für sich ganz allein (die Investition), um einen Vorsprung zu bekommen (die Belohnung). Eins weiß ich – wir glauben, alles wird automatisch drunter und drüber gehen, wenn wir uns ein paar Tage freinehmen. Stimmt nicht. Denken Sie an Ihre letzte Krankheit oder eine Notsituation, zu der Sie gerufen wurden. Vielleicht bedeutete das einen Ausfall von ein paar Tagen oder gar einer Woche. Wieder zurück, war dann aber fast alles beim alten (nicht gerade schmeichelhaft für unser Ego, nicht?). Denken Sie vielmehr an die Vorteile, die ein paar freie Tage bringen, die nur der Organisation Ihres Alltags gewidmet werden: Jedes Jugendmeeting ein Höhepunkt, angeregtere Gespräche, weniger Streß, kein schlechtes Gewissen mehr und die Freiheit, wirklich für die Jugendlichen da zu sein.

Sind Sie bereit?

Hier ist der Plan: Nötig sind mindestens drei freie Tage ohne Telefon und Ablenkung zum einzigen Ziel und Zweck, drei komplette Vorträge zu planen und drei andere im Rohbau fertigzustellen. Verpflichten Sie sich zu dieser Investition! Wenn Sie zum Herausschlagen dieser freien Tage einen Gastredner einladen oder die Jugendgruppe davon überzeugen müssen, das Meeting selbst zu gestalten – machen Sie das, und zwar regelmäßig! Wenn sich nämlich ungeplante Zwischenfälle häufen und Sie den Vorrat an

97

erarbeiteten Themen plündern müssen, brauchen Sie Zeit, das Konto wieder neu zu füllen. Dafür haben Sie es dann nie mehr nötig, einen Vortrag in der gleichen Woche vorbereiten zu müssen, in der er fällig ist. Wenn die freien Tage um sind, kann die normale Vorbereitungszeit viel besser und effizienter genutzt werden. Statt andauernd an der Botschaft für übermorgen zu arbeiten, haben Sie gleich mehrere Vorträge in Arbeit, die phasenweise Gestalt gewinnen. Die Ansprache für die laufende Woche bekommt den letzten Schliff, statt voller Panik aus dem hohlen Bauch gezaubert zu werden.

Sie haben hoffentlich noch nicht die Verpflichtung von eben vergessen, sich Zeit und Abstand zu gönnen? Soviel kann ich garantieren: Wenn Sie erst den Geschmack der Freiheit und der großartigen Resultate gekostet haben, der sich aus einer Vorausplanung und phasenweisen Vorbereitung ergibt, können Sie mit dem „Schuß aus der Hüfte" nicht mehr zufrieden sein, was auch ein Vorteil ist. Ihre Jugendgruppe wußte nämlich die ganze Zeit, daß Sie geschlampt haben.

Also, nicht vergessen: Zeit für einen Vorsprung nehmen (suchen Sie schon einmal nach dem richtigen Termin), Vorbereitung in Phasen, und dann dem Vortrag Zeit zur Reife gönnen.

5. Kapitel
Das Material

Ein Soldat würde nie ohne die nötigen Waffen in den Kampf ziehen. Ein Klempner käme nie ohne Werkzeug und die Kenntnisse ins Haus, wie man damit umgeht. Die Waffen und Werkzeuge des Redners sind die Notizen, der Raum, das Mikrophon und die Zuhörer. Und so werden sie eingesetzt:

Notizen: Gebrauch oder Mißbrauch

Es gibt mehr Meinungen als Vortragslehrbücher, wie man mit Notizen umgehen sollte. Meiner Meinung nach trifft folgendes zu, wenn man einen Vortrag Wort für Wort abliest: Entweder hat man die Rede nicht lange genug geübt, oder man hat den falschen Job. Noch nie habe ich einen interessanten Vortragskünstler seine Rede ablesen sehen. Einer der berühmtesten Prediger, den ich je gehört habe, tippt seine Predigten zwar Wort für Wort ab, ist aber so vertraut mit dem Text, daß er nur gelegentlich einen Blick darauf wirft. Schon als Teenager lauschte ich ihm wie gebannt.

Erwachsene stehen einen abgelesenen Vortrag durch, Jugendliche kaum. Wenn Ihre Jugendgruppe bei abgelesenen Lektionen und Predigten stillsitzt, dann sind entweder Sie selbst tot und schon längst im Himmel, ohne es bemerkt zu haben – oder die Gruppe ist tot bzw. hat sich innerlich aus dem Staub gemacht. Natürlich haben Sie nichts davon mitbekommen. Sie haben ja die ganze Zeit gelesen.

Fertigen Sie also ein paar Tage vor dem Vortrag eine Rohfassung an. Einleitung (die ersten fünfzig Wörter) und Schluß sollten ausformuliert werden. Bei Kids fällt sehr schnell die Entscheidung, ob sich das Zuhören lohnt oder nicht. Die Einleitung entscheidet über Wohl oder Wehe. Verhelfen Sie den Jugendlichen mit einem dynamischen Schluß dazu, zur Tat zu schreiten – eine einprägsame Geschichte oder gelungene Zusammenfassung, die das Ziel der Rede unterstreicht (im 6. Kapitel gibt's weitere Details zu den ersten fünfzig Wörtern und dem Schluß).

Bei dieser Rohfassung können Sie anfangen, an Überleitungen von einem zum nächsten Punkt der Argumentation zu arbeiten. Kurz vor dem Termin wird an dem Rohmaterial gefeilt. Streichen Sie unwesentliche Punkte, und konzentrieren Sie die Aufzeichnungen bis zur letzten Fassung immer wieder. Für diese Endfassung schreiben Sie bitte die Redeabsicht oben auf ein Blatt Papier oder eine Karteikarte. Die Schrift muß groß genug sein, damit Sie nicht in Versuchung geraten, von dieser Formulierung abzuweichen. Denken Sie daran, beim Vortrag selbst nicht exakt diese Worte zu gebrauchen. Wie langweilig, wenn der Redner jeden Vortrag mit den Worten anfängt: „Jeder Mensch sollte oder kann…"

Überlegen Sie sich genau, mit welchen Worten Sie das Ziel vorstellen wollen. Ein Beispiel: „Alle Jugendlichen können sich moralische Reinheit bewahren, indem sie auf drei Bereiche ihres Lebens achten" – das könnte so lauten: „Hin und wieder macht sich jeder Gedanken darüber, wie man anständig und integer leben kann. Vor zwei Wochen habe ich über die Konsequenzen davon gesprochen, wenn man gegen jede Moral lebt. Manche von euch haben den Wunsch geäußert, ‚sauber' zu bleiben. Da fragt man sich doch: Wie kann ich das schaffen, bei all dem Druck und den Versuchungen um mich herum? Heute will ich versuchen, auf diese Frage zu antworten. Ich möchte euch zeigen, wie man anständig und sauber leben kann, indem man auf drei Bereiche im Leben achtet."

Damit hat man präzise die Weichen für eine Rede gestellt, wie man angesichts von Versuchungen moralisch sauber bleiben kann. Eine solche Einleitung sollte man sich fest eingeprägt haben, bevor man zur Tat schreitet.

100

Zurück zu den Notizen. Schreiben Sie sich unter das Ziel stichwortartig die Hauptpunkte der Rede (die Argumentation) auf. Fügen Sie Codewörter für Illustrationen und Anekdoten ein, mit denen der Rede Leben eingehaucht wird.

Hier ein Beispiel, wie die endgültige Fassung aussehen könnte:

Redeabsicht: Jeder Teenager kann etwas vom Gottesdienst haben, indem er vier einfache Regeln beherzigt.
Einleitung: Pony-Geschichte
Überleitung: Hier notieren Sie wortwörtlich die Redeabsicht in normaler Alltagssprache
1. Regel: Komm mit der Erwartung, etwas zu lernen
   a. Das Gebet eines kleinen Mädchens
   b. Zitat aus Zeitschrift
2. Regel: Such dir deinen Platz vorn
   a. Herzinfarkt des Predigers
   b. Keine Barrieren
3. Regel: Mach dir Notizen
   a. Merksätze aufschreiben
   b. Beispielübung
4. Regel: Wende mindestens eine Sache an, die du gelernt hast
Schluß: Es gibt nur zwei Möglichkeiten
   Redeabsicht nochmals verdeutlichen

Obwohl dieses Schema Ihnen als Leser wenig sagen wird, erinnert hier jedes Wort den Redner an eine Illustration, ein Zitat oder eine Geschichte, die seine Hauptpunkte stützt. Bei der Einleitung erinnert „Pony-Geschichte" an eine Begebenheit, mit der die Aufmerksamkeit des Publikums so gefesselt werden soll, daß es auch den Rest des Vortrags hören will.

„Herzinfarkt des Predigers" bei der 2. Regel steht für eine witzige Illustration. Sie wird als sanfte Überleitung zur Anregung gebracht, sich sonntags in die erste Reihe zu setzen. Wenn die ganze Gruppe statt der geschätzten hinteren Bänke geschlossen die vorderste Reihe wählt, würde diese Überraschung höchstwahrscheinlich zu einem Herzinfarkt des Pastors führen.

Der zweite Punkt der 3. Regel erinnert den Redner an eine Übung, mit der er beweisen will, daß etwas Aufgeschriebenes besser im Gedächtnis haften bleibt.

Mit den Worten unter „Schluß" ist gemeint, daß die Redeabsicht wiederholt und eine Geschichte erzählt wird, die die Botschaft bei den Jugendlichen unauslöschlich festigt.

Die Einzelheiten unter allen Punkten sollte der Redner seinem Gedächtnis anvertrauen. Dann darf er die Notizen wegwerfen! Behält er sie doch, dienen sie höchstens zur Erinnerung an das jeweils nächste Element der Rede. Man sollte sie aber immer so gut verinnerlicht haben, daß man kaum auf das Blatt schauen muß. Wenn man solche Notizen aber für unentbehrlich hält, dann achte man darauf,

- daß sie handlich sind
- daß man damit so vertraut ist, daß man jederzeit die richtige Stelle findet
- daß man sich Zeit nimmt, die benötigte Information zum nächsten Punkt zu finden

Ein gelegentlicher Blick auf die Notizen als Gedächtnisauffrischung ist akzeptabel. Eine merkliche Abhängigkeit aber schürt nur Verwirrung und vermittelt dem Publikum den Eindruck, der Redner sei nicht gründlich genug vorbereitet und scheue den Blickkontakt mit ihnen. Lassen Sie sich nicht von der Sorge lähmen, möglicherweise einen Punkt auszulassen. Tatsache ist, daß Ihr Publikum davon vermutlich kaum etwas merken würde. Sie sind der einzige, der von der Existenz dieses Punktes weiß. Also ganz cool bleiben! Wenn der Vortrag gut vorbereitet ist, verliert er seine Wirkung auch dann nicht, wenn eine Illustration oder Geschichte ausgelassen wurde.

102

Je weniger Notizen, desto besser. Selbst wenn man mit einem Minimum an Notizen auskommt, wird die Dynamik des Vortrags von der Verwendungsweise abhängen. Das Postkartenformat ist am unauffälligsten. Solche Karten sind handlich und hindern nicht an normalen Gesten. Außerdem ist es übersichtlicher, wenn man die gerade verwendete Karte nach hinten steckt, als wenn man auf einem großen Blatt einen bestimmten Punkt finden muß.

Notizen sind stille Partner. Man sollte nicht die Aufmerksamkeit darauf lenken, indem man damit herumwedelt oder sie geräuschvoll durchwühlt. Hier ein paar kreative Einsatzmöglichkeiten, wie ich sie bei besonders guten Rednern beobachtet habe:

• Kleben Sie die Kärtchen in eine Bibel oder ein benötigtes Buch. Wenn man aus diesem Buch vorliest, kann man gleichzeitig einen Blick auf die Notizen werfen.
• Fertigen Sie sich ein großes Plakat mit Stichworten an, das an unauffälliger Stelle hinten im Raum angebracht wird. Das ist kein schlechter Scherz; fast alle Fernsehschaffenden machen von diesem Trick Gebrauch.
• Schreiben Sie das Redeschema auf eine Overheadfolie oder machen Sie ein Dia davon. Die Gruppe kann dann die Projektion genauso sehen wie Sie. Damit wird die gepredigte Wahrheit visuell bekräftigt (Dinge, die man gleichzeitig sieht und hört, prägen sich sowieso viel besser ein!). Man darf dabei aber nur den Punkt sichtbar machen, über den man gerade redet. Legen Sie nicht das gesamte Konzept auf einmal offen. Illustrationen oder Anekdoten müssen Sie dabei auswendig lernen oder aber Hinweise darauf anderswo plazieren. Das Publikum könnte vermutlich wenig Begeisterung dafür aufbringen, wenn es auf der Folie die Worte liest: „Jetzt den Witz über die lila Kuh erzählen."
• Die Notizkarte wird an den Mikrofonständer geklebt.
• Als Musiker kann man die Notizen auf den oberen Gitarrenrand kleben.

103

Experimentieren Sie ruhig ein bißchen herum, um möglichst bequem auf die Notizen schauen zu können, ohne das Publikum abzulenken.

Wie aus dem 4. Kapitel ersichtlich ist, sind unsere Kommunikationskünste oft nicht das, was sie sein könnten, weil die Vorbereitung auf den Abend oder gar Stunden vor der Veranstaltung aufgeschoben wird. Mancher improvisiert seine Ansprache sogar total (was doch wohl hoffentlich keiner meiner Leser je gewagt hat!).

Während der schon erwähnten Reifungsphase läßt sich der Vortrag geistig einüben. Jeder Punkt sollte durchdacht werden. Dann werden die entscheidenden Stellen laut geübt. Auch die Zunge muß am Test beteiligt sein.

Oft fällt es nämlich schwer, das geistig Erarbeitete oder zu Papier Gebrachte mit vernehmbaren Worten auszudrücken. Wie leicht denkt sich: „Fischers Fritz fischt frische Fische", aber sagen Sie das erst mal laut! Wenn Sie zufällig zum Thema „Blaukraut und Brautkleid" reden müssen, dann haben Sie den Salat. Zu solchen Zungenbrechern gibt es durchaus reale Parallelen in der Welt der Konzepte. Manche Glaubensvorstellung ist viel einfacher zu denken als Wort für Wort auszusprechen. Während der Reifungsperiode kann man also um Weisheit und die persönliche Aneignung der Wahrheiten beten, über die man redet – und man kann sie sich gleichzeitig selbst laut vortragen. Denken Sie jeden Punkt durch, überzeugen Sie sich, ob Ihre Gedanken auch vortragbar sind.

Klarheit, persönliche Aneignung und Aussprechbarkeit: In diesem Prozeß muß untersucht werden, wie bereitwillig der Mund jene edlen Weisheiten hervorbringen kann, die sich aus dem Gehirn eine Bahn zum Publikum brechen sollen.

Wenn Sie dann noch die Rede auf das eigene Leben anwenden, dann erfährt der Vortrag eine Dimension, die über jede rein technische Fertigkeit weit hinausgeht. Wenn irgend möglich, sollten Sie Freunden von Ihren Ideen erzählen. Da in dieser Phase jede Idee wie von einem Magneten angezogen wird, sollte man immer Papier und

104

Bleistift dabeihaben und die Gedanken aufzeichnen, die ihnen dabei durch den Kopf schießen.

Nun stellen Sie sich vor, daß es in vierundzwanzig Stunden soweit ist. Der Rohentwurf samt neuen Ideen und Klärungen ist fertig. Sie hatten Zeit gehabt, die Gedanken zu festigen und sich auf die Redeabsicht zu konzentrieren. Setzen Sie sich an den Schreibtisch und fertigen einen letzten Entwurf. Ein paar Veränderungen und Zusätze sind vielleicht immer noch nötig. Dafür ist jetzt Zeit.

Anschließend wird geübt.

Als Teenager habe ich meine Vorträge am liebsten mit einem Eimer über dem Kopf geprobt. Das verlieh meiner Stimme den vollen Klang, den ich mir von einem wohlgefüllten Saal versprach. Selbstgemachte Soundeffekte, wie zum Beispiel entfesseltes Gelächter des Publikums oder Applaus, fügte ich einfach autodidaktisch hinzu. So konnte ich mich stundenlang mit dem Eimer über dem Kopf bei unseren Rindern aufhalten. Eines Tages fragte ich mich, warum ich bei meinen Wanderungen über die Weide nie mit den Kühen zusammenstieß. Ich nahm den Eimer ab und sah, wie jedes Auge auf der Weide mich anglotzte. Die Tiere hielten Abstand und machten einen sehr verblüfften Eindruck. Etwas später gelang es mir, meinen Kopf durch die schmale Öffnung einer Milchkanne zu zwängen. Die Akustik im Innern war großartig, aber der Ausgang erwies sich als unzureichend.

Das aber steht auf einem anderen Blatt. Tatsache ist: Übung macht den Meister. Ob in der Milchkanne oder unter der Dusche: Üben Sie die Rede laut.

Das sollte man mindestens einmal gemacht haben, vorzugsweise vor einem Zuhörer, der Feedback liefert. Wenn sich keiner findet und nicht einmal ein Kassettenrecorder zur Hand ist, dann übe man wenigstens vor dem Spiegel. Das klingt vielleicht albern oder altmodisch, ist aber unschlagbar effektiv. Für Schauspieler, Tänzerinnen und Redner ist das normal. Ansonsten kann man überall üben – im Auto, im Bett, im Badezimmer, ganz egal wo. Alle Redeteile sollten laut geübt werden, bis man damit zufrieden ist.

Jetzt werden letzte Feinheiten angebracht, und dann darf man sich entspannen. Wenn sämtliche Schritte der Vorbereitung hingebungsvoll getan sind, wird unser Verstand unablässig weiterhin verbessernd tätig bleiben. Das Ergebnis: eine sichere, spannende Darbietung, mit der die angestrebten Ziele erreicht werden. Vielleicht ist die Rede nicht perfekt – aber auf jeden Fall tausendmal besser als das, was erst in letzter Minute vorbereitet wird.

Der Überblick: Macht sich auf Papier ganz gut, aber funktioniert es auch?

Nach der Sichtung aller notwendigen Materialien für einen guten Vortrag schauen wir noch einmal auf die G.E.R.A.D.E.-Methode und andere Aspekte der Planung von Anfang bis Ende zurück.

1. *Wahl des Gegenstands.* Der erste Schritt ist eine Auswahl unter unendlich vielen Themen. Prüfen Sie, ob Ihr Gegenstand den Bedürfnissen und Interessen des Publikums entspricht.
2. *Suche nach dem Einzelaspekt.* Engen Sie den Gegenstand auf einen Aspekt ein. Lautet der Gegenstand „Freundschaft", wäre „Freundschaften schließen und bewahren" ein möglicher Aspekt. Beachten Sie die Grenzen Ihres Wissens. Je nach gewähltem Gegenstand und Einzelaspekt kann das Erarbeiten weiterer Fakten notwendig werden. Überprüfen Sie nochmals die Bedürfnisse des Publikums, um sich mit Gegenstand und Einzelaspekt nicht darüber hinwegzusetzen.
3. *Klärung der Redeabsicht.* Klare Zielsetzung ist für eine wirksame Kommunikation unentbehrlich. Die Redeabsicht steht in einem einfachen Satz, der verdeutlicht, was Sie mit dem Vortrag erreichen wollen. Hier wäre es

107

eventuell angebracht, die Schritte zum Erstellen der Absichtserklärung nochmals durchzugehen (siehe 2. Kapitel).

4. *Entwicklung der Argumentation.* Die Hauptpunkte einer Rede lassen sich als Argumentation bezeichnen. Wie Sie wissen, sind diese Punkte sachbezogen und stehen im logischen Zusammenhang. Sie beziehen sich stets auf die Redeabsicht.

5. *Sammeln und Einbringen von Darstellungsmaterial.* Notieren Sie sich sämtliches Anschauungsmaterial, das sich im Rahmen des Themas verwenden läßt. Wenn man bedenkt, wieviel Zeit die Arbeit an der Rede kostet, wäre es schön, wenn solche Materialien im wesentlichen schon verfügbar sind. Ansonsten muß man nach Illustrationen und Fakten forschen, um zu klären, was noch der Veranschaulichung bedarf.

6. *Evaluation.* Prüfstein sind die elf Fragen am Ende des 2. Kapitels. Nun wird die Rede einer letzten Überarbeitung unterzogen.

7. *Erstellen einer Rohfassung.* Lange vor dem Vortragstermin sollten die Notizen zu einer Rohfassung verarbeitet und die ganze Rede innerlich durchgegangen werden. Planen Sie sorgfältig Einleitung und Schlußworte. Formulieren Sie die Übergänge von einem Argument zum nächsten. Einleitung und Schluß sollten wirkungsvoll und interessant sein; bei den Übergängen darf man nicht stolpern. Notieren Sie Übergänge, Einleitung und Schluß im Wortlaut. Jetzt müssen auch solche Aussagen laut geübt werden, die bisher noch nicht in Worte gefaßt worden sind.

8. *Gönnen Sie der Rede Zeit zum Gären und Reifen.* Halten Sie Ausschau nach neuem Material und Gedanken zur Bereicherung. Notieren Sie die Gedanken, sobald Sie aufgetaucht sind.

9. *Weiterentwicklung der Rede.* Streichen Sie Unwesentliches und verdichten Sie die Notizen zu ihrem endgültigen Wortlaut. Inzwischen sollten Sie Einleitung, Redeabsicht, Argumentation und Schlußfolgerung auswendig können. Bitten Sie jemanden, sich den Vortrag probe-

108

halber anzuhören. Findet sich niemand, dann greifen Sie zum Kassettenrecorder und hören sich selbst zu.

Die meisten Redner scheuen die Zeit und Mühe, die man investieren muß, um diese vorbereitenden Schritte zu leisten. Deshalb sind ihre Ergebnisse dann auch nur mittelmäßig.

Schon in der Antike haben die Griechen ihre Reden anhand von drei Begriffen überprüft: Logik, Ethik und Rhetorik. Sie haben sich gefragt: „Ist die Rede logisch? Klingt sie vernünftig?" Der Vortrag kann zwar sehr unterhaltsam und interessant sein, darf aber auf eine innere Logik nicht verzichten, wenn er wirken soll. „Ist die Rede ethisch vertretbar? Praktiziere ich selbst, was ich fordere?" Diese Prüfung gab die Gewißheit, daß die vertretenen Grundsätze der Wahrheit entsprachen. Auch bot dies genug Herausforderung, sich an diese Grundsätze zu halten. Der Begriff „Rhetorik" diente der Bewertung der Wortwahl und Struktur der Rede. „Ist der Vortrag interessant und rednerisch korrekt?" Die innere Logik der Rede wurde durch sorgsame Vorbereitung und Bewertung erarbeitet. Der ethische Gehalt hing vom Zusammenhang der inhaltlichen Wahrheit mit der Lebensführung des Redners ab. Korrekte Rhetorik ließ sich nur durch Üben erlangen.

Diese Bewertungsschritte haben heute noch die gleiche Bedeutung wie vor tausenden von Jahren. Die soeben erstellte Rede sollte daran gemessen werden. Und dann bleibt noch die wichtige Bitte an Gott übrig, durch uns zu wirken. Denn wenn das nicht gewährleistet ist, können wir uns den Rest auch sparen.

Wenn die gesamte Vorbereitung Ihnen zu mühevoll erscheint, dann gebe ich Ihnen einen Tip: Probieren sie es beim nächsten wichtigen Vortrag einmal versuchsweise aus. Wahrscheinlich werden Sie bald keine Lust mehr haben, ohne eine gewisse Mindestleistung in dieser Richtung ans Pult zu treten. Wenn Sie erst einmal gemerkt haben, wie sehr eine gute Vorbereitung sich auf Ihre Kommunikationsfähigkeit auswirkt, dann wissen Sie, daß die Mühe sich absolut lohnt. Außerdem werden die einzelnen Planungsschritte Ihnen in Fleisch und Blut übergehen.

Vorbereitung des Umfelds: Jagt die Tauben aus der Kirche

Unabhängig vom Talent des Redners kann die Botschaft trotz aller Mühen, die darauf verwendet wurden, ins Leere gehen, wenn das räumliche Umfeld nicht stimmt.

Als ich einmal im Herbst gebeten wurde, im Anschluß an ein Erntefest zu sprechen, hatte ich ernste Bedenken. Meist fanden diese Versammlungen im Freien statt, mit viel Ablenkung, schwacher Beleuchtung und ständigen Unterbrechungen. Das Wetter war scheußlich kalt, und die ganze Atmosphäre regt die Kids eher zum Schmusen an als zur Andacht. Zu solchen Nachteilen kam in diesem speziellen Fall, daß auch echte Pferde anwesend waren. Man mußte also noch aufpassen, nicht getreten zu werden.

Der Pastor versuchte, mich zu beruhigen. Er versicherte, daß dieses Treffen in einer Scheune abgehalten würde. Die Gruppe würde für Beleuchtung und eine gute Lautsprecheranlage sorgen. Ich sagte also zu.

Als es soweit war, versammelten sich zweihundert Teenager, frisch von der romantischen Heuwagenfahrt gekommen, auf Heuballen und lauschten. Alles war wie versprochen. Beleuchtung und Anlage waren Spitze. Mein Publikum, lauter rotwangige Engelchen, lauschte offenbar begierig meinen Worten. Was ich aber nicht wußte: etwa dreißig Tauben waren gleichfalls hier versammelt, oben im Gebälk. Ob sie gekommen waren, um mich zu hören, oder ob die Scheune ihr übliches Samstagabend-Domizil war? Mir wurde eines bald klar: Tauben sind bei meinen Veranstaltungen nicht mehr willkommen!

110

Heute im Teenkreis: Schnitzeljagd

Im Zwei-Minuten-Takt ließ mal die eine, mal die andere dieser Kreaturen ein typisches Taubenprodukt in die Menge fallen. Manche Kleckse trafen die Zuhörer, andere wieder nicht, aber zielsicher machte jede Taube mein Bestreben zunichte, den im höchsten Maße abgelenkten Teenies Grundsätzliches mitzuteilen.

Vielleicht werden Sie nicht in diesem Maße gestört, doch müssen Sie mit „Taubendreck" anderer Art rechnen. Man kann die Wirkung des Vortrags um mehrere Punkte steigern, wenn man auf Hindernisse bei der Kommunikation reagiert und sie abstellt.

Die erste Taube: Schwache Beleuchtung.
Ist der Versammlungsraum trostlos dunkel? Wenn ja, dann sorgen Sie für mehr Licht. An der Decke könnten Strahler angebracht werden, die im Winkel von fünfundvierzig Grad Ihren Standort beleuchten. Neonlicht wirkt kalt und unpersönlich; schalten Sie warmgetönte Glühbirnen dazu. Ich bin sicher, daß der Redner um Längen besser ankommt, wenn jeder im Raum seine Augen sehen kann.

Als professioneller Entertainer werde ich für Auftritte in unterschiedlichster Umgebung gebucht. Als Versammlungsstätten mit den schlechtesten Lichtverhältnissen der Welt erlebe ich gerade die Orte, an denen es umgekehrt sein sollte: Kirchen und Festsäle in Hotels. (Häufig ist hier auch die Lautsprecheranlage entsetzlich, aber dazu an anderer Stelle mehr.) Die Lampen in vielen Kirchen und Festsälen scheinen geradewegs von der Decke herunter. Solch ein Licht erhellt das Haar ungemein effektiv; leider aber ist leuchtendes Haar keine Voraussetzung für gute Kommunikation.

Wenn man dem Redner in die Augen sehen kann, hat man Zugang zu seinem Herzen. Die Augen sind der Spiegel der Seele, heißt es. Wenn man dem Redner in die Seele schauen kann, lauscht man seinen Worten ganz anders. Eine Brille reflektiert mitunter das Licht. Nun sieht das Publikum die Augen nicht mehr. Als ich erfuhr, daß ein bekannter Vortragslehrer zum Ablegen der Brille rät, dachte

112

ich: *Da geht er einen Schritt zu weit.* Bei unserem nächsten Kommunikationslehrgang aber probierte ich diesen Vorschlag aus. Ich bat die Teilnehmer, die Brille zu Beginn des Vortrags abzunehmen. Das Ergebnis war verblüffend. Auf den Beurteilungsbögen waren häufig solche Kommentare zu lesen: „Viel besser ohne Brille", „Tut gut, die Augen sehen zu können."

Ein Redner kann mit falscher Beleuchtung regelrecht ein Eigentor schießen. Häufig wird der Fehler gemacht, sich vor einem hell angestrahlten Fenster aufzubauen. Gott hat dem menschlichen Auge die Fähigkeit verliehen, sich Lichtverhältnissen anzupassen. Wenn man aber vor einem hellen Fenster steht, kann das Publikum kaum mehr als die Umrisse sehen. Probieren Sie es einmal selbst aus: Bitten Sie jemanden, sich vor einem hellen Fenster aufzustellen. Gehen Sie ein paar Schritte zurück und versuchen, die Gesichtszüge zu erkennen. Ihre Augen passen sich schnell an den hellen Hintergrund an, und die Person wird zur Silhouette. Nur bei heftigem Blinzeln gelingt es, das Gesicht deutlich zu sehen. Das aber kann man nicht lange durchziehen. Sollten Sie also je vor einer Gruppe Jugendlicher stehen, deren Gesichtszüge von heftigem Blinzeln auffällig verzerrt sind, dann werfen Sie einen Blick hinter sich.

Neulich hielt ich eine Rede bei einer Versammlung im Freien. Es war am späten Nachmittag; die Sonne stand weit unten am Horizont, und zwar in meinem Rücken. Also konnten die sechshundert Zuhörer mich nur anschauen, wenn Sie ihre Erblindung riskieren wollten.

Viele Kirchen haben deshalb schlechtes Licht, weil mancher Diakon oder Ältester sich beklagt hat, die Lampen strahlten ihnen bei Ansprachen direkt in die Augen. Aber so muß es sein. Das Licht muß den Redner blenden. Wenn die Beleuchtung richtig eingestellt ist, dann wird sie dem Redner immer etwas lästig sein. Das Publikum, nicht unbedingt der Redner, muß sich wohlfühlen und etwas sehen können.

Die zweite Taube: Ein ungeeigneter Raum.
Sorgen Sie für einen Raum, der zur Gruppe paßt. Zwölf Jugendliche, die vorn in einer Kirche für fünfhundert Besucher kauern – das ist nicht gerade ideal für die Kommunikation. Wenn es nicht gerade unmöglich ist, sollte man sich in einem Raum versammeln, der der Gruppe ein gewisses Sicherheitsgefühl verleiht.

Dabei sind zu kleine Räume immer besser als zu große, wo die kleine Gruppe sich verloren fühlt. Ist ein übergroßer Raum nicht zu vermeiden, sollte man improvisieren, um ihn optisch kleiner zu machen. Wenn eine Veranstaltung für fünfzig Jugendliche in einer Sporthalle stattfindet (ganz übel für die Kommunikation), dann dürfen die Kids einfach nicht auf der Tribüne Platz nehmen. Die psychologische Wirkung dieser Anordnung ist Ihrem Anliegen abträglich. In der Sporthalle werden normalerweise große Leistungen gespannt erwartet. Wenn die Halle bei einem Spiel voll ist, dann tragen Widerhall und drängende Enge zur Spannung bei. Kommt aber nur eine kleine Gruppe zu einem Vortrag, dann wird die Erinnerung an große Wettkämpfe übermächtig. Wie deprimierend, wenn statt des aufgeregten Stimmengewirrs nur der Redner hörbar ist, dazu das Echo, wenn es drei Minuten alte Argumente von den Wänden abtropfen läßt.

Warum nicht erst einmal Spaß und Spiel in der Halle einplanen, die dafür nun mal geschaffen wurde? Danach trifft man sich hinter der Bühne oder in einem kleineren Raum, wo eine intimere Atmosphäre ein Maximum an Kommunikation erlaubt. Wenn das alles nicht möglich ist, müssen sie sich einen eigenen Raum schaffen und aus einer Ecke heraus reden; die Jugendlichen schauen in Ihre Richtung. Dreierlei sollte bedacht werden:

1. Selbst bei großem Publikum sollte die Umgebung so gemütlich wie möglich gestaltet werden.
2. Ein gefüllter Raum ist immer besser als ein leerer. Zweihundert Jugendliche, von denen bei einem Treffen zehn

im Gang sitzen mußten, kommen mit dem Gefühl nach Hause, daß alle Welt da war. Sie haben die Dynamik eines vollen Raumes verspürt. Die gleichen zweihundert reagieren auf eine Halle mit tausend Plätzen ganz anders, weil sie sich dort verteilen mußten: da haben sich nicht viele hingetraut. Ich würde lieber vor fünfzig Kids in einem vollgestopften kleinen Zimmer reden als vor zweihundert, die sich in einem Auditorium für tausend Zuhörer verlieren. Bei vollem Raum ist die Reaktion immer besser. Raum und Publikum müssen aufeinander abgestimmt sein.

3. Haben Sie immer etwas dicht hinter dem Rücken. Eine Wand, ein Vorhang, vielleicht ein Raumteiler. Ein weiter Raum gleich hinter dem Redner wirkt ungemein ablenkend.

Die dritte Taube: Unterbrechungen und Ablenkungen.
Da gibt's nur eins: Ablenkungen müssen abgestellt werden. Ob es Tauben im Gebälk, hin- und herlaufende Ordner oder laut surrende Klimaanlagen sind – Ablenkungen sind wie ein Kurzschluß im Strom der Kommunikationsversuche.

Gestalten Sie den Raum so, daß Verspätete ganz hinten Zugang haben; irgend jemand sollte bereit stehen, um sie leise an ihren (hinteren) Platz zu führen. Wenn Sie das Publikum kennen, können Sie darum bitten, auf den Druck der Blase entweder vor oder nach, aber nicht während des Vortrags zu reagieren. Gerade Jugendliche glauben anscheinend, am Meeting habe irgend etwas nicht gestimmt, wenn sie nicht mindestens einmal und möglichst rudelweise den Raum verlassen haben.

Handelt es sich um ein Haustreffen, sollten Babys und Haustiere während der Ansprache im Laufstall oder Käfig bleiben. Vielleicht sind Sie ein Rede-Held, aber glauben Sie mir, gegen niedliche Hundewelpen oder Kleinkinder kommen Sie nicht an. Die spielen Sie glatt an die Wand!

In vielen Kirchen unterbricht oft nach der Hälfte des Jugendmeetings irgendein Mensch (eine Taube, die etwas

115

fallenläßt) den Ablauf, indem er die Kollekte einsammelt oder überflüssige Ansagen macht. Von diesem Ritual bin ich bei mindestens fünfzig Treffen unterbrochen worden. Ob diese Tradition wohl aus der Antike stammt? Diese Taube muß weg! Kollekte und Ansagen haben ihren Platz am Anfang. Wenn dann noch Zettel mit „dringenden" Nachrichten kommen sollten, bleiben sie vor der Tür. Punktum.

Die dritte Taube: Temperatur.
Diese Störung ist so einleuchtend, daß ich mich nur kurz darüber auslassen will. Wenn die Raumtemperatur zu hoch ist, wird Ihr Vortrag zu kühl aufgenommen. Immerhin tragen fünfzig bis sechzig Jugendliche erheblich zur Raumtemperatur bei. Wenn der Raum aber zu kalt ist, haben die Zuhörer erst mal ihr Überleben im Sinn; der Vortrag ist dann zweitrangig.

Der Raum ist dann zu kalt, wenn

- die Kids sich wie eine Herde Schafe in einer Ecke zusammenkauern
- kleine Eiszapfen von den Nasen hängen
- eindeutige Bestrebungen für die Entfachung eines Lagerfeuers im Gange sind

Im folgenden fasse ich Elemente des Umfelds zusammen, die teils hinderlich, teils förderlich sein können. Halten Sie sich bei der Überprüfung Ihrer Situation an diese Liste. Sollten sich irgendwelche Tauben finden, dann machen Sie eine Pause, die lang genug ist, um mit jeder einzelnen aufzuräumen.

1. Ist die Beleuchtung hell und heiter? (Können die Zuhörer Ihre Augen sehen?)
2. Was ist hinter Ihnen zu sehen? (Etwa ein ablenkender oder deprimierender Anblick? Blendet ein zu helles Fenster das Publikum?)

116

3. Ist die Größe des Raums der Größe des Publikums angemessen? (Nicht vergessen: Der Raum darf ruhig etwas zu klein, auf keinen Fall aber zu groß sein.)
4. Trägt die Ausstattung des Raumes zur Kommunikation bei? (Fühlt sich der Zuhörer gut aufgehoben? Wird er nicht abgelenkt?)
5. Fühlt man sich bei der Raumtemperatur wohl? (Wenn es den Zuhörern zu warm wird, nehmen sie den Vortrag eher kühl auf.)

Das Mikrofon: Freund oder Feind?

Zu den wichtigsten Mitteln effektiver Kommunikation gehört das moderne Mikrofon. Es läßt eine gute Stimme noch besser wirken und erweist sich bei schwacher Stimme als nützlich. Es gibt dem Redner die Chance zu flüstern, mag er ein Publikum von fünfzig oder 50.000 Zuhörern haben. Wenn man geschickt mit dem Mikrofon umgehen kann, ist es ein guter Freund. In den Händen eines Anfängers wird es zum Feind – zum Hemmschuh der Kommunikation.

Die Tontechnik hat mich schon immer fasziniert; deshalb staune ich immer wieder, wie viele Mitmenschen das Mikrofon fürchten. Ich führe häufig Interviews. Wenn ich eine Frage gestellt habe, halte ich dem Gesprächspartner das Mikrofon hin und erwarte eine Antwort. Immer wieder zuckt der Gefragte zurück, als ob ich ihm eine brennende Fackel ins Gesicht gestoßen hätte.

Dafür gibt es so manchen Grund. Einige sind nicht daran gewöhnt, die eigene Stimme mit Verstärkung zu hören. Andere haben Bedenken, weil das Mikrofon so dicht vor das Gesicht gehalten werden muß, damit es funktioniert. Die Nähe dieses Metallgeräts verletzt den Mindestabstand, die wir für unsere Sicherheit brauchen. Wieder andere haben den Eindruck, ein Mikrofon verleihe dem Vortrag einen Anstrich von „Showbusiness".

117

Ich habe Profisportler, leitende Manager und sogar Filmstars dabei beobachtet, wie sie aus einem Meter Abstand zum Mikrofon Ansprachen hielten. Als ob man einen Schlag abbekommt, wenn man näher herantritt! Normalerweise selbstbewußte Männer und Frauen, die sich gut ausdrücken können, werden plötzlich von mädchenhafter Scheu befallen, wenn sie vor dem Mikrofon stehen.

Solche Ängste lassen mit etwas Übung nach. Bald ist man sich des Mikrofons gar nicht mehr bewußt. Wenn man einmal die Vorteile verspürt hat, fühlt man sich „ohne" direkt nackt.

Man muß *in*, nicht *an* das Mikrofon sprechen, wenn es funktionieren soll. Dieses kleine Wunderwerk klingt am besten, wenn man es fünf Zentimeter vor die Lippen hält, und zwar im Winkel von fünfundvierzig Grad auf Höhe der Unterlippe. Hebt man es zu sehr an und gerät noch dichter daran, dann gibt es bei jedem „P" eine kleine Explosion. Auch zu stark eingestellte Bässe machen solch ärgerliche Geräusche. Wenn Sie folgenden Satz vor dem Mikrofon ganz ohne Explosionsgeräusche zustande bekommen – „Papa packt persönlich Pepperonis" – dann halten Sie es richtig.

Vielleicht haben Sie einmal gesehen, wie jemand sein Mikrofon direkt ans Kinn gehalten hat. Tun Sie das nicht bei Ihrem Vortrag! Obwohl man mit dieser Position den perfekten Sound treffen mag, macht man damit einen sehr steifen Eindruck.

Spricht man an unterschiedlichen Orten, sollte man früh genug erscheinen, um den Klang so zu mischen, wie man ihn gern hätte. Bei den meisten Mikrofonen verschlechtert sich die Klangqualität beträchtlich, wenn man sich weiter als zwanzig Zentimeter davon entfernt. Hat man also vor, während des Vortrags auf und ab zu gehen, dann muß das Mikrofon abnehmbar sein. Dann nehmen Sie aber die Nachteile in Kauf, die man sich damit einhandelt.

Wenn Sie Ihre Abneigung gegen das Standmikrofon absolut nicht überwinden können, dann wäre ein Gerät zum

Anstecken geeignet. Man bringt es an der Kleidung an und kann es dann einfach vergessen. Wenn aber ein Kabel daran hängt, wird es sich bemerkbar machen. Ich werde nie den Anblick eines Predigers vergessen, der geschmackvoll gekleidet am Boden lag und wild mit Armen und Beinen strampelte. Er war über sein Mikrofonkabel gestolpert. Übrigens: obwohl ich diesen Vorfall nie vergessen werde, kann ich mich nicht einmal annähernd an das Thema oder die Absicht des Vortrags erinnern.

Wenn man ein schnurloses Mikrofon verwendet (ob als Ansteck- oder Handgerät), sollte man immer gute Qualität wählen. Die billigeren fangen jedes Funksignal auf, von Radiosendungen bis zum Polizeifunk. Details über eine Drogenrazzia sind vermutlich das letzte, was Sie in die Lautsprecher schicken wollen. Lachen Sie nicht – alles schon passiert. Da müssen Sie schon sehr gut im spontanen Umsetzen von Ereignissen sein, um eine solche Störung zu ihrem Vorteil umzumünzen.

Ich nehme gern ein Handmikrofon, weil es eine gewisse Flexibilität im Ausdruck ermöglicht. Wenn man es ganz nahe an den Mund hält, klingt man dramatisch. Es gibt jede stimmliche Modulation bestens wieder, die man einsetzen will. Hält man es weiter weg, dann darf man auch lauter werden, ohne daß die Trommelfelle platzen. Ein Ansteckgerät wiederum ist zuverlässig, aber etwas langweilig in der Wiedergabe.

Bei fast allen meinen Vorträgen setze ich Körpersprache ein. Wenn ich Aufnahmen von meinen Reden höre, bei denen ich ein Ansteckgerät hatte, dann fällt mir auf, daß meine Armbewegungen usw. für reichlich Nebengeräusche sorgen. Allerdings gibt es ausgezeichnete Redner, die dieses Mikrofon bevorzugen. Vielleicht probieren Sie es einmal damit.

Was kann man noch falsch machen im Umgang mit dem Mikrofon? Man darf es nicht anfassen. Jedesmal, wenn Sie Mikrofon oder Ständer berühren, lenken Sie die Aufmerksamkeit darauf. Man könnte ebensogut eine andere Person

119

WILLKOMMEN

auf die Bühne holen und sie während der Rede das Publikum aktiv ablenken lassen. Einem Sänger steht es vielleicht an, mit dem Kabel zu drehen oder sich beidhändig am Mikrofon festzuklammern. Auch Komiker dürfen es getrost als Stütze mißbrauchen. Wenn Sie aber weder singen noch als Komiker glänzen wollen, lassen Sie das Mikrofon in Ruhe. Das Publikum achtet so lange nicht darauf, wie Sie nicht damit spielen. Die Aufmerksamkeit gilt dann ganz Ihnen und Ihrer Botschaft.

Sollten Sie das Mikrofon praktisch den ganzen Vortrag lang in der Hand halten wollen, dann räumen Sie den Ständer beiseite. Ich halte es während der Rede vorzugsweise in der Hand und befestige es wieder am Ständer, wenn ich beide Hände für Gesten einsetzen oder eine Bibelstelle vorlesen will.

Steht der Kauf einer Lautsprecheranlage an, sollte diese sich flexibel einsetzen lassen und eine hohe Klangqualität erlauben. Einbausysteme sind selten gut; die Lautsprecher klingen immer irgendwie kaputt. Vielerorts sind billige Lautsprecher in die Decke eingebaut. Damit handelt man sich einen gequetschten, dünn scheppernden Klang ein, der einer guten Kommunikation im Wege steht.

> In so manchen Kirchen wird von einem großen Gott und seiner wunderbaren Gnade gepredigt, allerdings über eine Anlage, mit der alles eher nach Micky Maus klingt.

Ein mobiles System kann überall aufgestellt werden. Ein kleines Paar Qualitätslautsprecher und ein starker, aber kompakter Verstärker sind extrem mobil. Damit genügt man den meisten Klanganprüchen.

Wenn Sie auswärts zu Vorträgen eingeladen werden, geben Sie präzise an, was Lautsprecheranlage und Beleuchtung hergeben sollen. Ich mußte durch Erfahrung klug werden. Ein Schulleiter heuerte mich einmal für eine Ansprache vor 1.500 Schülern an. Er warnte mich im voraus:

121

Die Jugendlichen seien während solcher Veranstaltungen ganz schön unaufmerksam und frech. Ich bat ihn, für eine gute Anlage zu sorgen. Er versicherte, das System funktioniere bestens.

Am Tag der Veranstaltung kam ich glücklicherweise eine halbe Stunde vor der Zeit, um die Anlage zu überprüfen. Das „System" bestand aus einem tragbaren Tonbandgerät mit zwei Minilautsprechern. Das Mikrofonkabel war so kurz, daß man sich beim Reden vorbeugen mußte. Ich hörte mich an wie eine Klapperschlange mit Mandelentzündung. Man mutete mir zu, mich angesichts von 1.500 hyperaktiven Teenagern über diese dürftige Anlage zu krümmen. Kein Wunder, daß sie bei solchen Anlässen frech wurden! Ich weigerte mich, ohne anständige Lautsprecheranlage auf die Bühne zu treten. Es dauerte nur eine Viertelstunde, bis ein im Musikunterricht genutztes System gefunden und installiert war. Nach dem Vortrag belohnte mich die „freche Meute" mit frenetischem Beifall. Wahrscheinlich hatten die Kids bei allen Vortragenden vor mir einfach nie etwas verstehen können.

Oft ist das Mikrofon fest mitten auf einem Podium verankert. Besorgen Sie sich einen Mikrofonständer, mit dem Sie sich nicht hinter der Kanzel zu verschanzen brauchen. Sie als Jugendmitarbeiter brauchen keine solchen Festungen, die keinen anderen Zweck haben, als eine Barriere zwischen Redner und Publikum aufzurichten. Manche Redner haben sich so sehr an eine Kanzel gewöhnt, daß sie sich sonst hilflos fühlen. Sie wissen nicht, was sie mit ihren Händen anfangen sollen.

Lernen Sie also, ohne Podium auszukommen, weil es jedem Teenager als ewiges Symbol der Langeweile gilt, durch das jede freie Kommunikation eingeschränkt wird. Wollen Sie offen reden, dann stellen Sie sich nicht hinter einen Holzverhau! Zwischen Ihnen und dem Publikum sollte es nichts geben als Kommunikation.

122

Und so eine Form hatte die Arche.

Teil 2

Die Darbietung: Wenn der Mund in Bewegung ist

6. Kapitel
Geht's noch etwas besser?

Über die Grundlagen hinaus gibt es einige Aspekte der Kommunikation, von denen man selten etwas hört. Haha! Da haben Sie aber Glück gehabt! Denn ich kenne sie, und ich scheue mich nicht, sie Ihnen zu verraten. Deshalb also ein paar Geheimnisse und erprobte Hilfen, mit denen man jedem Vortrag mehr Wirkung verleihen kann.

Der Blick auf das Publikum: Mit wem habe ich es eigentlich zu tun?

Lost Cause („Verlorene Mühe") war der Titel eines Kurzfilms, den ich so eindrucksvoll und kreativ fand wie kaum einen anderen. Die Kamera zeigte in Nahaufnahme einen ausgezeichneten Redner, der einen sehr dramatischen Vortrag hielt. Es ging um Leben und Tod. Begeistert rief er sein Publikum zum Handeln auf. Während er mit der überzeugenden Darbietung fortfuhr, enthüllte die Kamera die ansehnliche Bühne, von der aus er redete. Sie war mit Fahnen und Spruchbändern geschmückt, auf denen es um die gleiche Botschaft ging. Dann schwenkte die Kamera in schneller Fahrt um und zeigte ein leeres Auditorium. Der Redner hielt seinen Vortrag vor zweitausend leeren Plätzen. Die Sache war *wirklich* aussichtslos.

> Das Publikum ist Teil des Teams. Wenn ein Redner ohne Rücksicht auf das Publikum zur Tat schreitet, könnte er genausogut vor leeren Stühlen sprechen.

126

Von der Grobplanung der Rede über die Wahl des Anschauungsmaterials bis hin zum Auftritt selbst denkt der erfolgreiche Redner stets an seine Zuhörer.

Bietet man dagegen auf Treffen oder Freizeiten nur „Eingemachtes", ohne den Bedürfnissen der Gruppe gerecht zu werden, dann hat man die Chance verpaßt, sich auf die Kids wirklich einzulassen. Wenn die Gruppe von einem traurigen Ereignis heimgesucht wurde, dann übergeht man am besten die anstehende Lektion und richtet sich nach dem Bedürfnis der Anwesenden. Man kann ja später immer noch durchnehmen, was dran war. Der Augenblick aber, in dem das Publikum wegen der aktuellen Situation für eine bestimmte Aussage besonders empfänglich ist, kann morgen schon für immer vorbei sein.

Mitten in einem Vortrag stellten mir ein paar Jugendliche Fragen von augenscheinlicher Dringlichkeit, auf die ich hätte eingehen müssen. Damals überhörte ich die Fragen einfach und redete unbeeindruckt weiter. Nach dem Treffen erfuhr ich, daß einer der Jungen vor kurzem seinen Bruder verloren hatte. Die Gruppe war dringend darauf angewiesen, daß ich mich mit den Fragen beschäftigte, die dieses Unglück aufgeworfen hatte. Doch ich hatte diese einmalige Chance verpaßt, weil ich zu stur, starr und blind gewesen war.

Manchmal erzielen wir die beste Wirkung, wenn wir unsere Vortragsstrategie mitten in der Rede abändern. Keine vorbereitete Rede ist unantastbar. Wenn damit die echten Bedürfnisse der Jugendlichen nicht angesprochen werden, verschwendet man nur Zeit. Beim Reden sollte man auch auf nonverbale Reaktionen aus dem Publikum achten. Da gibt es vielerlei Anzeichen: Langeweile drückt sich weltweit durch Gähnen aus, manchmal auch durch starke Unruhe. Manchmal lohnt es sich, die Rede zu unterbrechen und zu ermitteln, was es mit der Unruhe auf sich hat.

127

Und jetzt singen wir das Lied ,Leuchte hell an jedem Ort'. Laßt eure Stimmen hören.

Mir ist es einmal passiert, daß die ganze Versammlung mich innerlich im Stich ließ, weil ein junger Mann am Fenster Faxen machte. Ich hatte keine Ahnung, woher die Störung kam, merkte aber deutlich, daß niemand mir zuhörte. Jedes Wort wäre umsonst gewesen, wenn ich mit dem Vortrag fortgefahren hätte.

Ich fragte das Publikum nach dem Grund der Ablenkung. Als man mir Bescheid sagte, brauchte ich nur ans Fenster zu gehen und mit einem Auge hinauszuspähen. Als der Eindringling sah, wie ihn ein Auge direkt anstarrte, verschwand er im Nu. Die Zuhörer lachten, ich lachte, und schon galt die ganze Aufmerksamkeit wieder mir.

Das Publikum ist eine Ansammlung von Menschen; sie geben gemeinsam ihre Einstellung und Gefühle zum Ausdruck. Lernen Sie Ihr Publikum kennen, indem Sie diese Ausdrucksweisen beobachten und sich auf die herausklingende Einstellung einlassen.

Die ersten fünfzig Worte: Habe ich das wirklich gesagt?

Was verschafft uns die Aufmerksamkeit der Zuhörer? Am Anfang des Vortrags bietet sich eine seltene Chance dazu, wie sie im weiteren Verlauf der Rede so nicht mehr eintreten wird. In diesen wenigen ersten Sekunden hören alle hin. Hier entscheidet jeder, ob sich das Zuhören lohnt. Diese ersten fünfzig Worte sind deshalb die wichtigsten.

Wenn man nicht nur zur eigenen, sondern auch vor anderen Gruppen spricht, sollte man drei oder vier Eröffnungszüge einstudieren, die sich als hörenswerter Einstieg bewährt haben. Das kann eine Geschichte oder ein Witz ebenso sein wie ein aufrüttelndes Zitat oder eine Frage.

129

Die Eröffnung muß sich nicht unbedingt direkt auf das Ziel des Vortrags beziehen, obwohl die Wirkung verstärkt wird, wenn sie in diese Richtung geht. Man darf damit keine Schranke zwischen sich und das Publikum legen, sondern sollte sich gemeinsam einstimmen. Einmal habe ich erlebt, wie ein Mann nach vorn trat, ein Gewehr unter seinem Mantel hervorholte und es auf das Publikum abfeuerte. Natürlich war es mit Schreckschußpatronen geladen. Das Publikum wurde *sehr* aufmerksam. Leider erholte es sich nicht mehr von dem Schreck. Zwar gelang es dem Redner schließlich, die Kids wieder unter den Stühlen hervorzulocken, aber so richtig haben sie sich nicht mehr beruhigt.

Ein sehr guter Freund von mir aus Kanada beherrscht hervorragend die Spielregeln der Kommunikation. Er stand vor etwa dreihundert jungen Leuten seiner Gruppe, die sich zu Beginn einer Freizeitwoche in Florida eingefunden hatten. Alles war sehr gespannt. Er fing mit der Nachricht an, ein Geisteskranker sei aus einer Einrichtung ganz in der Nähe entflohen und hier auf dem Gelände gesehen worden. Der Mann habe angeblich ein paar Mädchen aus der Gruppe angefallen. Jeder solle gut aufpassen. Mein Freund fuhr damit fort, daß eins von den Mädchen den Verrückten mit einem Bleistift abgewehrt und in die Hand gestochen habe. Wenn jetzt also irgendein Fremder auftauche, dann solle die ganze Gruppe ihm auf die Hände schauen und nach der Wunde suchen. Das Publikum war totenstill.

Genau jetzt nahm mein Freund seine Hand aus der Tasche und fing beiläufig an, ein paar Ansagen zu machen. Die Hand war dick verbunden. Mitten auf dem Verband prangte ein roter Fleck. Das ganze war bloß ein Witz, aber die Wirkung fiel voll auf ihn zurück. Viele aus seiner eigenen Gruppe waren so wütend, daß sie nicht mehr mit ihm sprachen. Er mußte den Rest der Woche mühselig um das Vertrauen der Jugendlichen ringen.

In diesem Fall hatten die ersten fünfzig Worte mehrere Tage sinnvoller Arbeit unmöglich gemacht. Wenn man die einleitenden Worte aber sorgsam und im Gebet entwickelt,

130

verleiht man der Rede den nötigen Schwung. Machen Sie keine adrenalintreibenden Experimente, wenn Sie damit nicht umgehen können. Anders gesagt: wenn Ihre Gemeinde keine eigene Notaufnahme hat, lassen Sie es bleiben!

Als Leiter einer Jugendgruppe sollten Sie es schaffen, daß alle Teilnehmer sich immer auf Ihre Einleitung freuen. Für jeden Vortrag brauchen Sie eine neue und besondere Eröffnung. Auch der nonverbale Einstieg kann viel Wirkung zeigen. Ein Dia mit einem halbverhungerten Kind und den Worten: „Wessen Angelegenheit ist das?" eröffnet einen Vortrag über unsere Verantwortung als Christen für Menschen in Not. Denken Sie daran – die ersten fünfzig Worte behalten ihre Bedeutung auch bei visuellen Hilfsmitteln.

Ken Overstreet, ein besonders fähiger Jugendleiter aus San Diego, hat einen Einstieg im Repertoire, bei dem das ganze Publikum unweigerlich wie gebannt zuhört. Er beschreibt detailliert eine Erfahrung, die er im Cockpit eines Kampfflugzeuges der Luftwaffe gemacht hat. Jede Beobachtung, jedes Gefühl wurde so deutlich wiedergegeben, daß ich mich neben ihn ins Cockpit versetzen konnte.

Mein Puls fing an zu rasen, als er sich an die ungeheure Kraft beim Take-Off erinnerte, an die Freude bei Manövern an der Grenze der Schwerelosigkeit. Dann kam die Begebenheit, wie der Pilot Feuer im linken Triebwerk entdeckte und sie beide per Schleudersitz aus dem Cockpit beförderte. Ich hielt die Luft an. In diesem Augenblick stellten wir uns vor, wie Ken nach unten langte, dort oben in der Stille des nunmehr eiskalten Himmels.

Ken sagte: „Es dauerte eine Weile, bis ich den Ring an der Kordel ertastet hatte. Ich spürte überhaupt nicht, daß wir fielen. Nur der Wind war unglaublich stark, so stark wie die lähmende Angst. Dann hatte ich den Ring und zog daran. Nichts geschah. Ich zog noch einmal. Die Kordel gab nicht nach! Jetzt sah ich die Erde auf mich zukommen. Mit aller Kraft riß ich wieder an der Kordel. Mit einem lauten Schrei wachte ich auf und merkte, wie ich im Bett saß und wie wild an meiner Schlafanzughose zerrte."

Wie wär's damit als Einleitung?

Er hatte das alles nur geträumt! Aber seine Mitteilungsfähigkeit hatte bewirkt, daß dieser Traum genauso mir gehörte. Bei seinem anschließenden Vortrag zum Thema Angst waren wir alle wie Wachs in seinen Händen.

Vielleicht gestalten Sie Ihre Einleitungen nicht so dramatisch wie das, was ich eben beschrieben habe. Wenn Sie aber Woche für Woche zur gleichen Jugendgruppe sprechen, müssen Sie ein ziemlich breites Repertoire haben. Eine fast immer wirksame Einleitung fängt so an: „Schließt die Augen, um einen klaren Kopf zu bekommen." (Man läßt den Zuhörern etwas Zeit dazu.) „Jetzt stellt euch einmal vor…" Mit diesen Worten holen Sie die Zuhörer ab und vergegenwärtigen sich gemeinsam alle möglichen Situationen. Auch Gesprächsrunden lassen sich damit wunderbar eröffnen. Hier ist Kreativität gefragt. Bereiten Sie die Einleitung so intensiv vor, daß sie die Aufmerksamkeit des Publikums packt und geradewegs zur Absicht der Rede führt. Allzu Vertrautes läßt uns dagegen schlampig werden.

Ich weiß gar nicht mehr, wie oft ich Jugendleiter so anfangen gehört habe: „Gut, dann wollen wir mal." Das garantiert eine Aufmerksamkeitsspanne von höchstens drei Sekunden. Andererseits werden Sie erleben, daß die Zuhörer schon gespannt auf Ihren Vortrag warten, wenn Sie sich Zeit für faszinierende, abwechslungsreiche Einleitungen nehmen.

„Gestern nacht bin ich mit einem Ruck wach geworden. Meine Frau flüsterte erschrocken: ‚Hör mal, da ist jemand in der Wohnung!' Sekunden später war ich voll da, als eindeutig leise Schritte zu hören waren. Ich schlüpfte lautlos aus dem Bett und langte nach dem Lichtschalter. Klar, ich hätte mein Leben aufs Spiel gesetzt, aber erst einmal stand ich zitternd da in meiner Unterwäsche. Jetzt knipste ich das Licht an."

Rechtschaffenheit... Gerechtschaff... Rechen-
einheit... Schaffnungsrecht...

Tut Gutes.

Bestimmt würden Sie gern auch die Fortsetzung dieser wahren Geschichte hören. Pech für Sie. Ich wollte nur illustrieren, wie man mit den ersten Worten Aufmerksamkeit bewirkt. Zum Erlebnis nur so viel: Es hatte sich niemand ins Haus geschlichen, aber die Katze war in den Wäschekorb gefallen und mußte draußen in der Kälte übernachten. Außerdem ziehe ich das nächste Mal wenigstens eine Hose an, bevor ich losbrülle: „Wer ist da?"

Kontakt herstellen: Sie mögen mich... sie mögen mich nicht

Mit den ersten Worten des Vortrags sollte man nicht nur Aufmerksamkeit erregen, sondern auch eine erste Verbindung zum Publikum herstellen. Man bekäme zum Beispiel sofort jede Menge Aufmerksamkeit, wenn man sich nackt vor das Mikrofon stellt; ich bezweifle aber, daß diese Methode für einen besonders positiven Kontakt zum Publikum sorgt. Der Jugendleiter, der zwecks Erregung der Aufmerksamkeit ein Gewehr auf sein Publikum abfeuerte, bekam zwar Aufmerksamkeit, aber nur für den Preis einer unüberwindlichen Barriere.

Schauen wir einmal, wie eine Jugendpastorin die Angst vor Waffen nutzte, um ihren Punkt zu vermitteln. Eines Sonntagmorgens verkündete sie vor der Versammlung, sie habe ein Mittel zum Zeugnisgeben, mit dem sie immer die volle Aufmerksamkeit bekomme, wenn sie von ihrem Glauben erzähle. „Habt ihr es auch satt, daß eure Freunde euch auslachen, wenn ihr ihnen von Jesus erzählt?" fragte sie mit evangelistischem Eifer.

„Ja!" tönte es aus dem Publikum. Der erste Kontakt war schon hergestellt.

„Hättet ihr nicht auch gern ein Kommunikationsmittel, bei dessen Verwendung alle Freunde wie gebannt zuhören?"

135

„Ja!" brüllten alle.

„Gut, ich habe eine Methode entdeckt, die immer wieder funktioniert." Sie machte eine Schachtel auf und holte allen Ernstes eine 357er Magnum hervor: „Geht niemals ohne sie aus dem Haus!" Die einen lachten, die anderen reagierten eher ängstlich. Als das Lachen verebbte, sah sie den jungen Leuten in die Augen und sagte: „Wißt ihr, oft ist unser unsensibles Zeugnisgeben genauso bedrohlich wie eine Waffe, mit der man dem anderen vor der Nase herumfuchtelt. Wenn wir dem Gesprächspartner Traktate hinknallen und etwas auswendig Gelerntes aufsagen, ohne uns wirklich um sie zu kümmern, dann bekommt er das Gefühl, ein Opfer zu sein – fast so, als ob man auf ihn schießen würde."

So waren alle im Raum gespannt aufmerksam, ohne daß ein Schreckschuß fallen mußte. Sie brauchte die Waffe nicht einmal anzufassen. Mit ihrem Anschauungsmaterial gelangte sie direkt zum Thema und bekam ein aufnahmebereites Publikum.

Weitere Faktoren, die zum Kontakt zwischen Redner und Publikum führen, sind einerseits Selbstvertrauen, andererseits eine gewisse Verletzlichkeit. Das Selbstvertrauen ergibt sich aus einer guten Vorbereitung und der Gewißheit, daß die Botschaft wahr und wichtig ist. Es hängt weiter damit zusammen, daß man keine Angst hat, sich vor einem Publikum hinzustellen. Diese Furchtlosigkeit läßt sich sowohl verbal als auch nonverbal demonstrieren.

• Verbal: guter Umgang mit der Sprache, treffende Wortwahl, wirkungsvolle Illustrationen, klare Aussage zur Redeabsicht (ohne daß man um Worte ringen muß). Selbstvertrauen zeigt sich am stockungsfreien Redefluß.
• Nonverbal: offener Augenkontakt, klare Gesten, aufrechte Haltung.

Wenn Sie selbstbewußt auftreten, glaubt Ihnen das Publikum, daß Sie etwas Wichtiges zu sagen haben. Weil Sie entspannt wirken, sind auch die Zuhörer entspannt.

136

Verletzlichkeit als Mittel zum Kontakt mit dem Publikum läßt sich nicht so einfach beschreiben. Hier geht es eher um eine Einstellung als um Technik. Man wirkt auf der Bühne dann verletzlich, wenn man sensibel auf die Zuhörer eingeht. Sie sollen das Gefühl haben, daß man sich mit ihnen verständigt und nicht „auf unnahbar" macht. Reden aus der Konserve wirken dagegen unglaubwürdig. Die Präsentation muß eine gewisse Offenheit aufweisen, damit das Publikum im Redner einen Menschen erkennt. Wenn wir aus dem eigenen Leben berichten und Gefühle, auch Schwächen offenbaren, dann kann der Zuhörer sich mit uns identifizieren.

Bei meinem Kommunikationskurs trat einmal ein junger Mann vor die Teilnehmer, um seine zweite Rede zu halten. Nach einem ausgezeichneten Einstieg geriet er ins Stocken. Ohne rot zu werden, sagte er: „Entschuldigung, ich habe bei den anderen Reden so intensiv zugehört, daß ich im Augenblick nicht mehr weiß, was dran ist." Diese Erklärung wirkte gar nicht unsympathisch und sogar ganz selbstbewußt, und zwar deswegen, weil er einfach die Wahrheit sagte. Dann bat er darum, von vorn anfangen zu können, damit die Rede frei von diesem Patzer sei. Diesen Wunsch schlug ich ihm ab.

Seine Verletzlichkeit und Selbstsicherheit im Umgang mit dieser Situation hatte die Schwäche in eine Stärke umgemünzt. Alle Teilnehmer des Kurses vermerkten das auf ihren Beurteilungsbögen. Er hatte seinen Zuhörern, die nicht weniger nervös waren als er, gestanden, daß ihre Reden ihn gefesselt hatten. Das war nicht nur angekommen, sondern als Ehre aufgefaßt worden. Außerdem konnten sie sich mit seiner schwierigen Lage identifizieren. Wegen seines hervorragenden Umgangs mit der Situation war keine zusätzliche Nervosität entstanden. Ich teilte ihm mit, er solle sich unbedingt dieses rechte Maß an Verletzlichkeit bewahren (hatte er damit doch die Aufmerksamkeit des Publikums gewonnen), sonst verlor er einen unschätzbaren Aktivposten.

In manchen Leitfäden wird dazu geraten, daß sich der Redner innerlich vom Publikum fernhalten soll. Ich bin anderer Meinung. Das heißt nicht, daß man sich als Redner vor den Zuhörern für seine Existenz entschuldigen, sich jeglichen Wert absprechen, von der eigenen Angst erzählen soll oder schlechte Vorbereitung zugeben muß. Allerdings sollte der Redner die Fähigkeit ausbauen, sich dem Publikum als Mensch zu präsentieren.

> Wenn die Jugendlichen, zu denen wir reden, hinterher sagen: „So wie der könnte ich nie werden", wenn sie uns als unberührbare Helden ehrfürchtig bewundern, dann wird unsere Botschaft im gleichen Licht aufgenommen werden. Der Zuhörer denkt dann hinterher, daß ihr Jugendleiter etwas Unerreichbares verlangt. Wir müssen zulassen, daß man an unseren Worten und auch an unserem Leben kratzen kann.

In dieser Hinsicht ist es aufschlußreich, welches Beispiel uns Christus gegeben hat. Um die wichtigste Botschaft mitzuteilen, die die Menschheit je gebraucht hat, wurde Jesus einer von uns, lebte unter uns und verspürte unsere Schmerzen.

- „Trotzdem ist er nicht jemand, der kein Mitgefühl für unsere Schwächen haben könnte. Er wurde ja genau wie wir auf die Probe gestellt." (Hebräerbrief 4,15).
- „Er gab alle seine Vorrechte auf und wurde einem Sklaven gleich. Er wurde ein Mensch in dieser Welt und teilte das Leben der Menschen." (Philipperbrief 2,7).

Jesus hat in allen Bereichen verwirklicht, was zu einer guten Kommunikation gehört. Seine Botschaft wurde vernommen und verändert immer noch das Leben jedes Menschen, der darauf eingeht.

138

Das Geheimnis meines Erfolges: Spannung schaffen und halten

Wenn man das Interesse des Publikums wecken und wachhalten will, beachte man den Schlüssel dazu: Legen Sie dem Publikum die Redeabsicht so dar, daß es sich mit Fragen zum Thema auseinandersetzen muß. Dann entwickeln Sie die Rede so, daß die Fragen mit dem Schlußwort beantwortet sind. Die Jugendlichen wollen wissen, wovon der Vortrag handelt. Niemand will darüber im Zweifel gelassen werden. Sehen Sie es einmal so: Es ist sehr unwahrscheinlich, daß der Zuhörer bis zum Ende gespannt auf der Stuhlkante sitzenbleibt und zu raten versucht, welche Absicht der Redner verfolgt. Gibt man das Ziel (die Redeabsicht) aber gleich am Anfang preis, ist es für jeden greifbar. Spannung schafft man mit der Methode, wie man dieses Ziel erreichen kann. Wenn Sie dem Publikum ankündigen: „Heute möchte ich euch zeigen, wie man an nur einem Tag neue Freunde gewinnen kann", dann fragen sich die Zuhörer: „Wie soll ich das bloß schaffen?" Sie sollten auf die Antwort gespannt sein. Dann fahren Sie fort: „Es gibt drei Dinge, die jeder tun kann, um mit Sicherheit schon morgen eine neue Freundschaft zu schließen." Das Publikum sollte dann unbedingt hören wollen, um welche drei Dinge es sich handelt.

Wenn Sie dagegen irgendwann in Ihrem Vortrag so allgemeine oder erschöpfende Informationen vermitteln, daß das gespannte Interesse ermüdet, verlieren Sie Ihr Publikum. Wenn man zum Beispiel die Redeabsicht so eröffnet: „Wir sollen unseren Nächsten lieben, weil es so in der Bibel steht", dann haben Sie eigentlich nichts mehr zu bieten. Die Spannung ist gebrochen, weil es keine offenen Fragen mehr gibt. Da kann man gleich die Notizen einpacken und nach Hause gehen.

Viel besser ist eine Einführung mit dem unverzichtbaren „Schlüsselwort", von dem im 2. Kapitel die Rede war. „Heute abend möchte ich euch dazu herausfordern, euren

Nächsten zu lieben. Dafür gibt es drei Gründe." Sofort stellt sich die Frage: „Welche Gründe?" Die Spannung bleibt erhalten, und die Antworten auf diese Fragen werden zum Gerüst der Rede. Jetzt bekommen die klug gewählten Illustrationen ihren Sinn. Die Rede zeigt Wirkung. Anschauungsmaterial, das ansonsten schwach oder nutzlos verpufft, gewinnt seine Bedeutung daraus, daß das Publikum weiß, was Sie erreichen wollen und auf die versprochenen Antworten wartet. Wenn die Zuhörer das Ziel erkennen, stellen sie selbst die Verbindung zwischen den einzelnen Punkten der Rede her. Dann braucht man nicht mehr viel zu erklären. Dazu die folgende Begebenheit:

Einmal wurde ich im College gebeten, ein Thema für meinen Rhetorikkurs vorzubereiten. Wir wurden danach bewertet, wie kreativ und einprägsam wir unsere Argumente anbringen konnten. Das Thema meiner Rede lautete „Das Gesetz des Pendels und der Glaube". Zunächst kündigte ich der Klasse an, ihnen das Geheimnis wahren Glaubens enthüllen zu können. Danach nahm ich mir zwanzig Minuten Zeit für eine gründliche Betrachtung des physikalischen Gesetzes, dem ein hin- und herschwingendes Pendel unterliegt. Mir entging nicht die Verblüffung bei den Zuhörern. Was hat das Gesetz des Pendels mit dem Glauben zu tun? Die Spannung steigerte sich immer mehr. Immer wieder wies ich auf meine eigentliche Absicht hin, damit jeder wußte, daß ich immer noch beim Thema war und sich bis zum Schluß fragte, wie das Unvereinbare zusammengeführt werden könne.

Beim Gesetz des Pendels geht es um folgendes: Ein Pendel kann nie an einen höheren Punkt zurückschwingen als an den Ausgangspunkt. Aufgrund von Reibung, Luftwiderstand und Schwerkraft bleibt es bei jedem Mal ein wenig hinter dem Ausgangspunkt zurück. Jeder einzelne Schwung beschreibt einen immer kleineren Bogen, bis das Pendel zur Ruhe kommt. Dieser Ruhepunkt wird Gleichgewichtszustand genannt. Hier sind alle Kräfte ausgeglichen, die auf das Pendel einwirken.

Nun band ich eine Schnur von einem Meter Länge an eine kleine Spielfigur und befestigte sie oben an der Tafel mit einer Reißzwecke. Ich zog die Figur auf die eine Seite und machte hier, am Ausgangspunkt, einen Strich an die Tafel. Bei jedem Schwung machte ich eine neue Markierung. Es dauerte weniger als eine Minute, bis das Pendel zu schwingen aufhörte und stehenblieb. Als ich mit meiner Vorführung fertig war, hatten die Markierungen an der Tafel meine These bewiesen.

Dann fragte ich, wer alles an die Richtigkeit des Pendelgesetzes glaube. Alle in der Klasse hoben die Hand, auch der Lehrer. Weil er glaubte, daß ich mit dem Vortrag fertig sei, kam er nach vorn. Tatsächlich aber stand das Wichtigste noch bevor. Von den Stahlstreben an der Klassendecke hing ein unförmig großes, aber funktionierendes Pendel (Metallgewichte von insgesamt 100 Kilo, befestigt an einer reißfesten, vierfach gelegten Fallschirmschnur).

Ich bat den Kursleiter, auf den Tisch zu steigen und sich dort auf einen Stuhl zu setzen. Den Kopf sollte er an die Betonwand legen. Dann bewegte ich das riesige Gewicht bis auf einen Millimeter Entfernung direkt vor seine Nase, erläuterte noch einmal das Gesetz des Pendels, das er kurz zuvor als richtig erkannt hatte, und sagte: „Wenn das Pendelgesetz zutrifft, dann wird diese Metallmasse beim Loslassen durch die Klasse schwingen und kurz vor dem Ausgangspunkt wieder zurückkehren. Ihre Nase wird dabei nicht gefährdet."

Nach dieser letzten Formulierung des Prinzips schaute ich ihn an und fragte: „Glauben Sie, daß dieses Gesetz wahr ist?"

Er ließ mich lange warten. Auf seiner Oberlippe machten sich große Schweißtropfen bemerkbar. Dann nickte er schwach und flüsterte: „Ja."

Ich merkte, wie man in der Klasse Blicke tauschte. Man hatte verstanden: Die Verbindung zwischen dem Ziel des Vortrags und dieser Illustration war begriffen worden.

Glauben Sie wirklich an das Gesetz des Pendels?

100 kg

Ich ließ das Pendel los. Ein zischendes Geräusch war beim Weg durch die Klasse hörbar. Gegenüber vom Ausgangspunkt verhielt es einen Moment und schwang dann zurück. Noch nie hatte ich erlebt, daß sich ein Mann gesetzten Alters so schnell bewegen konnte. Er flog buchstäblich vom Tisch weg. Ich bahnte mir umsichtig meinen Weg um das immer noch schwingende Pendel herum und fragte die Klasse: „Glaubt er wirklich an das Pendelgesetz?"

Einstimmig kam die Antwort: „NEIN!"

Wenn ich fragen würde, was dieses Anschauungsbeispiel bezwecken soll, wüßte wohl jeder Bescheid. Bis zum Schluß der Begebenheit hätte das aber niemand wissen können. Meine Redeabsicht an diesem Abend lautete: „Was man glaubt, beweist man mit seinem Leben, nicht mit Worten."

Insbesondere zweierlei hilft uns, wahrem Glauben auf die Spur zu kommen: (1) Hör nicht nur auf das, was die Leute sagen; (2) Achte auf ihr Verhalten.

Etwa nach der Hälfte meines Vortrags *dämmerte* den Zuhörern, worauf ich mit meinem Beispiel hinauswollte. Noch vor dem Ende der Begebenheit *erkannten* sie, was ich damit sagen wollte. Weil ich das Lernziel vorher bekanntgegeben hatte, blieben die Zuhörer nicht in der gewohnten passiven, abwartenden Haltung: „Erklär mal". Vielmehr übernahmen sie eine aktive Rolle beim Einbinden der Geschichte in die Redeabsicht. Wenn der Zuhörer aber durch logisches Nachdenken selbst zu seinen Schlüssen kommt, behält er diesen Lernschritt viel länger, als wenn der Redner ihm alles vorkaut.

Geben Sie dem Publikum Anhaltspunkte, worauf Sie hinauswollen. Bauen Sie Spannung auf, das Bedürfnis nach Antworten. Bieten Sie die Chance, den Sinn des Vortrags selbst zu erkennen. Dann gehen Sie klar und logisch daran, den Bedürfnissen gerecht zu werden, die Sie geweckt haben. Fassen Sie schließlich kurz und knackig die Wahrheit zusammen, die Sie zu vermitteln versucht haben.

Habe ich zu lange gesprochen?

144

Pünktlich und zielsicher schließen: Nur eine Frage der Zeit

Zur effektiven Kommunikation gehört vor allem eine Tugend: Pünktlich Schluß machen. Wenn man die Zeit überzieht, die für die Rede vorgesehen war, ist wohl kaum der Umkehrschluß berechtigt, daß das Publikum eben mehr hören wollte. Vielmehr ist es ein Hinweis darauf, daß der Redner nicht richtig vorbereitet war. Dem Publikum ist es viel lieber, wenn es sich darauf verlassen kann, daß der zeitliche Rahmen eingehalten wird.

> Je mehr Minuten über die vereinbarte Zeit hinaus überzogen werden, desto schwächer die Wirkung des Vortrags. Vor allem Teenager reagieren äußerst sensibel auf Dauerreden. So phantastisch Ihre Redebegabung auch sein mag, geht die Botschaft trotzdem den Bach runter, weil die Kids schon an ihre Pizza denken oder an die wartenden Eltern – alles bloß wegen Ihrer Rücksichtslosigkeit.

Der zeitliche Rahmen gehört also zur Planung. Wenn Sie gebeten werden, auf einer Veranstaltung zu reden, muß der Vortrag in die vorgesehene Zeit passen. (Ob Sie auch in Zukunft willkommen sind, hängt von der Rücksicht auf diesen Rahmen ab.). Leiten Sie einen Abend in der Jugendgruppe der Kirche, dann legen Sie sich selbst fest: der Vortrag soll klar umrissen, kurz und nicht länger als zwanzig Minuten sein. Wenn Sie in zwanzig Minuten nicht rüberbringen, was Sie sagen wollen, dann gilt folgendes: Entweder wissen Sie nicht, worüber Sie reden (Schüsse ins Blaue), oder das Thema ist zu weitläufig.

Die restliche Zeit sollte für den kreativen Einsatz von Hilfmitteln wie Videos, Kassetten und so weiter genützt werden (siehe 9. Kapitel). Halten Sie sich absolut streng an diesen Rahmen, und es wird Ihnen immer leichter fallen, in jedem noch so engen Zeitrahmen alles loszuwerden, was Ihnen auf dem Herzen liegt.

Eines Sonntags hatte ich eine gut durchwachsene Mischung von jugendlichen und erwachsenen Zuhörern fast eine Stunde lang gut unterhalten. Hinterher stand ich am Ausgang und erwartete die üblichen Komplimente für eine gelungene Predigt. Es gab aber kaum welche; selbst der traditionelle Händedruck wurde mir nicht gegönnt. Wenn hin und wieder ein Teenager bei mir stehenblieb, wurde er rasch von schimpfenden Eltern abgeführt. Was hatte ich nur gesagt? Hatte ich eine Tradition entweiht? War meine Theologie so fragwürdig?

Meine Verwirrung fand bald ein Ende. Eine nette ältere Dame sprach mich an: „Junger Mann (damals war ich noch jung), wenn Sie zum Essen noch nichts vorhaben, kommen Sie doch zu meiner Familie mit nach Hause. Es gibt angebrannten Braten."

Weder Theologie noch Vortrag waren fragwürdig gewesen. Statt dessen hatte ich eine Regel mißachtet, die bei jeder Art Kommunikation sehr wichtig ist: Pünktlich aufzuhören. Indem ich diese Regel brach, hörten viele Gottesdienstbesucher auf, beim Thema der Predigt zu bleiben und begannen eher über verkochtes Essen und umgestoßene Tagespläne nachzudenken.

Genauso wichtig wie Pünktlichkeit ist die andere Regel: Am Thema bleiben. Wie oft hat man sich eine im Anfang sehr gute Rede angehört und dann feststellen müssen, daß der Redner das Thema wechselte? Ich habe schon vor langem aufgehört zu zählen, wie oft die Wirkung eines perfekten Vortrags zerstört wurde, weil der Redner nicht wußte, wie (oder wann) er aufhören sollte.

Wenn schon die Einleitung der Rede von größter Bedeutung ist, dann steht der Schluß dem in fast nichts nach. Die letzten Worte, die man sagt, bleiben am längsten im Gedächtnis. Hier sollte also sinnvollerweise das Ziel der Rede noch einmal zusammengefaßt werden.

Steht dieser dynamische und lebensverändernde Schluß bevor, dann ist es akzeptabel und sogar klug, ihn den Zuhörern anzukündigen. Formulierungen wie „ ...zum Schluß" oder „Ich möchte das Gesagte so zusammenfassen..." halten die Zuhörer vom Blick auf die Uhr ab. Auf jeden Fall sollte danach auch wirklich Schluß gemacht werden. Die Worte „...zum Schluß" sind nicht dazu angetan, die nächste zwanzigminütige Predigt einzuleiten. Wenn Sie das Ende ankündigen und trotzdem nicht schließen, dann sind Sie wirklich am Ende. Bei Ihrem nächsten Vortrag glaubt Ihnen keiner mehr, wenn Sie um erhöhte Aufmerksamkeit bitten, weil angeblich gleich Schluß ist.

Noch eins: Wenn Sie beten, dann beten Sie bitte! Ein Gebet ist nicht dazu gedacht, noch eben die Punkte anzubringen, die man während der Predigt nicht mehr geschafft hat. Auch sollte keine zweite Predigt gehalten werden. Nicht mal für eine Zusammenfassung ist hier Zeit. Ein Gebet ist ein Gebet. Wenn Sie nach einem Vortrag beten, dann kurz und präzise. Danken Sie Gott für das, was er tun wird, bitten Sie den Heiligen Geist, die Zuhörer zum Handeln anzuleiten. Oder bitten Sie Gott, das zu gebrauchen, was Sie gesagt haben. Sowohl Gott als auch das Publikum haben den Vortrag gehört. Deshalb: nicht noch einmal von vorn.

Und jetzt los: Möglichkeiten eröffnen

Wenn Kommunikation und Reden nur als Unterhaltung oder eine Art Babysitting für Pubertierende gedacht wären, dann wäre dieses Buch vergeblich geschrieben worden. Wenn hinter unseren Worten keine Absicht steht, dann ist jede Anstrengung umsonst, unser Bestes zu tun.

147

Kommunikation ist nur dann wirkungsvoll, wenn sie Ergebnisse bringt. Deshalb sollten wir beim Reden unter anderem genau wissen, welche Ergebnisse wir erreichen wollen. Ein oft vergessener Aspekt der Kommunikation ist das, was nach dem Vortrag passieren soll. Wir dürfen die Jugendlichen nicht nur geistlich kitzeln und sie von einem Lebensstil überzeugen, bei dem wir ihnen nicht aktiv zu helfen bereit sind.

Bill Cosby erzählt die Geschichte von einem Footballteam, das bei Halbzeit hoffnungslos zurücklag. Es stand 58 zu Null. Wenn dieses Spiel noch herausgerissen werden sollte, mußte der Trainer im Umkleideraum ein Monster-Stück an Motivationsarbeit leisten. Er versammelte sein angeschlagenes, frustriertes Team um sich und feuerte sie mit allem an, was er aufzubieten hatte.

Ein Funken der Begeisterung breitete sich aus, wuchs an zur lodernden Flamme, und bald brüllte alles: „Sieg! Sieg!" Kein Spieler zweifelte mehr daran, daß sie es schaffen würden. Der Trainer schrie: „Stürzt euch auf sie!", und alles eilte zur Tür.

Sie war abgeschlossen.

Nach ein paar Versuchen, sie aus dem Rahmen zu brechen, hockte das Team sich schweißtriefend und entmutigt hin. Sie waren zu einer großen Tat motiviert worden, aber wegen der abgeschlossenen Tür gab es keine Chance, die Aufgabe anzugehen.

Und Glaube ohne Taten ist bekanntlich tot.

Wenn wir unsere Gruppe dafür begeistern, Jesus nachzufolgen, dann dürfen wir nicht eher aufhören, bis wir Gelegenheit geschaffen haben, diese Entscheidung auch umzusetzen. Wenn wir die Jugendlichen zu verantwortlichem Umgang mit ihrer Sexualität anhalten, dann müssen wir auch vertrauliche Beratung anbieten, wie man das in konkreten Konfliktsituationen umsetzen kann. Wenn wir die Kids auffordern, den sozial Schwachen zu helfen, dürfen wir

148

ruhig praktische *Gelegenheiten* dazu schaffen: vielleicht könnten Sie mit Ihrer Gruppe gemeinsam eine Wohnung renovieren, einen Hof entrümpeln oder den Leutchen in einem Altersheim mit einer Theatervorführung einen schönen Nachmittag bereiten? Wenn wir den Kids raten, Jesus in jeder Situation zu vertrauen, geht das auch nicht, wenn wir nicht gleichzeitig Gelegenheit und praktische Beispiele dazu bieten.

In gewisser Hinsicht fängt die Kommunikation erst an, wenn wir unsere Ansprache beenden. Jetzt hat es absolute Priorität, Erfahrungsbereiche zu schaffen, um den Jugendlichen eine Reaktion auf die Herausforderung des Vortrags zu ermöglichen.

Beleuchten Sie also Ihre zukünftigen Reden auf Praxisbezüge. Was können Sie an konkreten Umsetzungsmöglichkeiten liefern? Wie könnte das jeweilige Redeziel praktisch angewendet werden?

Werden Sie aktiv!

Habt ihr vielleicht eine Ahnung, wo man anfangen kann?

DIE WELT FÜR CHRISTUS GEWINNEN

7. Kapitel
Probier es mal mit
Körpersprache

Nirgendwo in der Bibel läßt sich ein Beleg dafür finden, daß die Lippen die einzigen Körperteile sind, die sich bei einer Rede bewegen dürfen. Und doch ist dieser Gedanke anscheinend irgendwie bei uns durchgesickert.

Es wird Zeit, daß wir unseren Augen, Händen, Körpern, Lippen und Stimmen die Chance geben, sich als eingespieltes Team zu präsentieren. Selbst wenn man uns nur zuhört, um unsere Bewegungen zu begutachten: wenigstens hört man dann zu.

Blickkontakt:
Schau mich an, wenn ich mit dir rede

Neben dem Mund sind die Augen das wichtigste Kommunikationsmittel des Redners. Es ist wahr, das alte Sprichwort: Die Augen sind das Tor zur Seele.

Wenn ich will, daß meine Kinder mir die Wahrheit sagen, dann verlange ich: „Schau mich an, wenn ich mit dir rede." Der Blick in die Augen offenbart mir die Wahrheit. Sind meine Kinder krank oder deprimiert, zeigt sich das zuerst am Blick.

Ich habe schon erlebt, wie zwei Teenager sich quer durch den Raum ewige Liebe gestanden haben, ohne ein Wort zu sagen. Mit kaum wahrnehmbaren Blicken entflammen sie den ganzen Raum mit ihrer Leidenschaft. Auch habe ich schon oft beobachtet, wie ein ungehorsames Kind sich vom warnenden Blick der Mutter oder des Vaters aufhalten ließ wie von einer Wand. „Wenn Blicke töten könnten", hat meine Mutter immer zu meiner Schwester gesagt, wenn sie mit ihren Augen Dolche in meine Richtung warf, „dann würde dein Bruder schon längst tot am Boden liegen."

Solche einfachen Erfahrungen lehren uns, daß die Augen wirklich das Fenster zur Seele sind. Angesichts dieser Tatsache müssen wir uns an zwei Regeln für gute Kommunikation halten.

1. Regel: Die Zuhörer müssen Ihre Augen sehen können.
Wie schon im 5. Kapitel gesagt, handelt es sich hier um ein Muß. Wenn Sie das nächste Mal einen Vortrag halten, bitten Sie doch vorher jemanden, sich an Ihren Standort zu begeben. Können Sie seine Augen deutlich sehen? Wenn ja, dann tragen die Augen zum Gelingen der Kommunikation bei. Wenn die Augen verschattet und die Scheinwerfer zu schwächlich sind, fängt die Rede schon unter negativen Vorzeichen an.

2. Regel: Schauen Sie den Zuhörern in die Augen.
Blickkontakt ist einer der wichtigsten Faktoren für gelungene Kommunikation. Ich habe noch nie jemandem über den Weg getraut, der mir beim Gespräch nicht in die Augen schauen kann. Wer mir ein Auto verkaufen will, beim Reden aber meinen Blick scheut, bekommt niemals meine Unterschrift. Diese Verweigerung sagt mir, daß er etwas zu verstecken hat, daß er sich schämt oder, schlimmer noch, mich anlügt.

Zwanzig Jahre lang beobachte ich nun schon sehr intensiv Redner, die für ihre enormen kommunikativen Fähigkeiten bekannt sind. Ich habe festgestellt, daß sie alle einen ganz hervorragenden Blickkontakt zu ihrem Publikum pflegen. Damit beweist man dem Zuhörer das eigene Selbstvertrauen und den Glauben an das, was man sagt.

> Aus dem Blickkontakt kann der Zuhörer schließen, daß Sie ihn direkt ansprechen und Wert darauf legen, daß er die Botschaft hört, die Sie zu sagen haben.

Wenn Sie den Blick im Raum umherstreifen lassen oder irgendeinen imaginären Punkt über den Köpfen anreden, dann hören die Leute Sie zwar predigen, vermissen aber jede Kommunikation im Sinne eines Dialoges. Niemand will gern *angepredigt* werden; fast jeder aber schätzt es, wenn man ihn *anspricht*.

Bei der Unterhaltung mit Freunden ist Blickkontakt leicht hergestellt – man schaut dem Gegenüber einfach in die Augen. Das gleiche gilt im Umgang mit dem Publikum. Der Blickkontakt wirkt dann am stärksten, wenn man sich einzelne Personen heraussucht und diese direkt anspricht. Verweilen Sie einige Sätze lang mit den Augen bei diesem Zuhörer. Dann blicken Sie den nächsten an und machen ihn eine Zeitlang zu Ihrem persönlichen Gesprächspartner.

Wenn Sie sich beim bewußten Versuch, individuellen Blickkontakt zu halten, nicht wohlfühlen, dann haben Sie bisher wohl eher dazu geneigt, den Blick durch das Publikum schweifen zu lassen oder über die Köpfe hinweg zu reden (und genau das ist dann auch der Effekt Ihrer Worte – sie gehen über die Köpfe hinweg statt durch das Tor der Augen hinein).

Als ein solcher „Scanner" verweilen Sie mit Ihrem Blick nie länger als eine Sekunde an einem Ort. Mancher „Scanner" scheint überhaupt nichts Bestimmtes im Blick zu haben, sondern bewegt die Augen ständig hin und her und macht damit den Eindruck, nicht scharf sehen zu können. Bei Videoaufnahmen fällt das ganz deutlich auf.

Andere „Scanner" betrachten nur ganz kurz viele verschiedene Zuhörer im Raum. Der Blickkontakt dauert nur eine Viertelsekunde lang. Dann schweift der Blick weiter, fast wie von Angst getrieben. Manchmal ergibt sich dabei ein regelrechter Rhythmus, bei dem der Kopf hin- und her schwingt wie bei kleinen Kindern, die ein Gedicht aufsagen. Nicht gut!

Mein Glaube ist die Quelle meiner Freude.

Ich habe schon ganze Vorträge miterlebt, bei denen der Redner keinen einzigen Menschen im ganzen Raum ansah, sondern auf Türen, Fenster, die Decke und sogar den Verkehr draußen geschaut hat. Auf das Publikum wirkt ein solcher Redner unsicher, unpersönlich und unruhig. Er wird es besonders schwer haben, die Aufmerksamkeit von Jugendlichen zu fesseln.

Trifft diese Beschreibung auf Sie zu? Glauben Sie mir: Ihre Worte werden dreimal so gut ankommen, wenn Sie keine Mühe scheuen, bewußt Blickkontakt herzustellen. Machen Sie Videoaufnahmen von Ihren Vorträgen. Stellen Sie die Kamera dabei auf Kopfhöhe dort in den Raum, wo normalerweise ein Zuhörer sitzt. Vor Beginn des Vortrags suchen Sie sich einige Leute aus, die Sie beim Reden anschauen wollen. Betrachten Sie die Kamera als eine dieser Personen. Wenn Sie dann den Vortrag halten, schauen Sie direkt ins Objektiv, und zwar bei einigen wichtigen Punkten. (Durchhalten – das ist gar nicht so einfach!) Auf jeden Fall sollten Sie ein paar vollständige Sätze schaffen, bevor Sie sich dem nächsten Zuhörer zuwenden. Dann wiederholen Sie das Ganze. Wenn Sie sich später das Band anschauen, wird Ihnen sofort klar, ob an Ihrem Blickkontakt noch gearbeitet werden muß. Sie werden sich nämlich in der Rolle des Zuhörers sehen, der am Ort der Kamera gesessen hätte, und feststellen, wie unangenehm es wirkt, wenn der Redner Sie nicht selbstbewußt direkt anspricht, sondern Ihrem Blick ausweicht. Außerdem erkennen Sie die starke Wirkung des Moments, in dem Sie in die Kamera schauten. Das ist ein historischer Moment: Sie haben Blickkontakt mit sich selbst! Wie fühlt sich das an? Vielleicht regt dieses Erlebnis sie sogar dazu an, auf die eigene Botschaft zu reagieren.

Haben Sie es endlich zu einem guten Blickkontakt gebracht, dann werden sie hin und wieder feststellen, daß andersherum einige Zuhörer *Ihrem* Blick nicht standhalten können. Wenn sie bemerken, daß sie direkt angesprochen werden, schauen sie weg oder schlagen die Augen nieder. Macht nichts. Verweilen Sie einen Moment bei ihnen, auch

155

wenn sie nicht hinsehen. Sollten sie dann wieder aufschauen, lächeln Sie sie beruhigend an. Schaut der Betreffende nicht auf, nehmen Sie sich den nächsten Zuhörer vor. Lassen Sie sich von diesem Phänomen nicht einschüchtern. Man hört Ihnen ja trotzdem zu, und es handelt sich meist eher um ein anfängliches Schreckmoment. Nach und nach gewöhnt sich die Gruppe, mit der man häufig zu tun hat, an diese direkte Form der Ansprache.

Einmal habe ich erlebt, wie ein Jugendleiter während des ganzen Vortrags eine Spinne beobachtete, die langsam an einem Deckenbalken entlang krabbelte. Seine Augen wichen an keiner Stelle der Rede von diesem kleinen Viech. Wahrscheinlich ahnen Sie, worauf aller Augen im Raum gerichtet waren. Genau – auf die Spinne. Ich weiß nicht mehr, worum es ging, erinnere mich aber an ein paar wichtige Details: Die Spinne war mittelgroß, grau-schwarz, und ihr fehlte ein Bein.

Man kann den Blickkontakt auch übertreiben, indem man unablässig immer nur eine Person anstarrt; aber das passiert sowieso eher selten. Selbst wenn ich vor fünftausend Menschen rede (von denen ich wegen der blendenden Beleuchtung niemanden erkenne), suche ich mir eine Stelle in der Dunkelheit aus, wo meines Wissens jemand sitzt und spreche diese Person an (die ich mir dann einfach dort vorstelle). Die Jugendlichen im Publikum wissen nicht, daß ich sie gar nicht sehen kann. Oft kommt einer nach der Veranstaltung nach vorn und fragt: „Erkennen Sie mich? Sie hatten mich bei der Frage zu den Eltern so bedeutungsvoll angesehen."

Manchmal leiste ich mir einen Scherz. Dabei kommt es mir darauf an, daß ich auf die Frage nach dem Namen eines Zuhörers nicht gleich eine Antwort bekomme. So etwas gelingt dann, wenn ich zwar intensiv ins Publikum schaue, aber niemandem direkt in die Augen. Dazu suche ich mir eine Stelle zwischen zwei Leuten im hinteren Bereich aus. Ich blicke auf diese Stelle und frage: „Wie heißt du?" Unweigerlich blicken ein paar Zuhörer in diesem Bereich um-

156

her, um festzustellen, wen ich meine. Niemand antwortet, weil sich keiner direkt angesprochen fühlt. Das kommt davon, wenn man keinen Blickkontakt hält. Schaue ich aber bei der gleichen Frage jemandem direkt in die Augen, antworten oft drei oder vier Personen sofort mit der Gegenfrage: „Wer, ich?"

Die Sache ist klar: Wenn man vor einem großen Publikum niemanden direkt anspricht, wird sich überhaupt keiner angesprochen fühlen. Wenn man aber jemandem direkt in die Augen schaut, weiß der Betreffende, daß er gemeint ist, und die paar Leute in seiner Nähe glauben das auch. Blickkontakt ist also ein entscheidender Faktor für gute Kommunikation.

Die Gestik: Flossen, Flügel und beredte Hände

Wie ein Künstler seinen Pinsel, so sollte auch der Redner seine Gesten einsetzen, um seinen bildlichen Ausdrücken Farbe und Präzision zu verleihen. Man erkennt erst dann, wie wichtig Gesten sind, wenn man probeweise einmal ganz ohne sie auszukommen versucht. Wenn Gesten effektiv eingesetzt werden, wirken sie verstärkend; bei unangemessener Verwendung lenken sie ab.

Das gedruckte Wort gestattet nur eine eingeschränkte Demonstration, wie Gesten sinnvoll verwendet werden können. Wiederum hilft hier ein Video von eigenen Vorträgen und bewußtes Beobachten der eigenen Gesten am besten zur Erkenntnis, ob Ihr Körper zur Kommunikation beiträgt oder davon ablenkt. Hier ein paar einfache Hinweise zur Arbeit an der Gestik:

157

1. *Hände sind mehr als Flossen.* Die Flosse kennt nur begrenzte Gesten. Statt richtiger Bewegungen bleibt es bei halbherzigem „Wedeln" durch Drehungen der Handgelenke. Offensichtlich soll dem Publikum bewiesen werden, daß man eine sehr demonstrative, ausgewachsene Geste im Sinn hatte. Man weiß aber nicht recht, wie man sie ausführen soll. Manchmal hängen die Arme herab, wenn das Handgelenk bewegt wird. Häufiger ist der Ellbogen abgewinkelt, und die Geste wird in Brusthöhe fabriziert, die Hände dicht beieinander. In dieser Position werden die Hände oft gegeneinander bewegt. Wie auch immer, so eine „Flossenbewegung" lenkt allenfalls ab. Delphine haben Flossen. Sollen sie damit schwimmen. Menschen sollten richtige Gesten machen.

2. *Arme sind keine Flügel.* Das Gegenstück zum „Flossenschlag" ist der „Flugversuch". Manche Redner unterlegen ihre Argumente und Emotionen mit übertriebenem, wilden Armwedeln. Wenn der „Flieger" richtig in Schwung kommt, dann rutscht das Publikum erwartungsvoll an die Stuhlkante: Geht er jetzt gleich in die Luft? Das Unangenehme am Flügelschlagen ist ein Zuviel an Unterhaltung. Die Botschaft des Vortrags geht dabei unter.

3. *Gesten sollen die Vorstellungskraft anregen.* Das gelingt, wenn man sich in der Fähigkeit geübt hat, mit Händen, Körper und Gesicht die Botschaft zu untermalen. Wer seine Gesten so wirksam einsetzt, wird seine Zuhörer mehr als mit Worten an den Ort versetzen können, von dem er redet. Solch eine Gestik läßt uns die Emotionen des Redners miterleben.

Wenn Sie lernen wollen, die Phantasie der Zuhörer anzuregen, sollten Sie Ihre Gesten vor dem Spiegel einüben. Das hilft, Ungeschicklichkeiten zu entdecken, die von der Rede ablenken würden. Bitten Sie ein paar Leute, Sie beim Reden unter die Lupe zu nehmen und zu beurteilen, ob Sie Flossen- oder Flügelschläge machen oder gar gestenmäßig „abheben".

158

Üben Sie so lange, bis die Gesten für Sie zu etwas Selbstverständlichem geworden sind und auf das Publikum ganz natürlich wirken. Bedenken Sie, daß Ihre Arme nicht andauernd in Bewegung sein müssen. Genauso, wie es normal ist, beim Vortrag eine Pause einzulegen, dürfen Sie getrost phasenweise mit ruhenden Händen reden. Wenn Sie die Kunst der natürlichen Gestik beherrschen und die Arme nicht mehr ständig verlegen herumschlenkern, können Sie mit dem Üben aufhören. Die Gesten sind dann zum spontan und natürlich eingesetzten Teil Ihres ganz persönlichen Kommunikationsstils geworden.

Mit der Gestik kann man Informationen vermitteln, die anders nur unzureichend dargestellt würden. Die Aussage: „Der Mann war nicht größer als ein kleiner Junge" beispielsweise ist zwar irgendwie auch so verständlich, läßt sich aber viel besser und „greifbarer" veranschaulichen, wenn man *zeigt*, wie klein der Mann war.

Gesten dienen auch als Ausrufezeichen. Greift man sich bei den Worten: „Als der Spiegel zerbrach, blieb mir fast das Herz stehen" ans Herz, gewinnen die Worte eine Dramatik, ohne die so eine Aussage unbetont bliebe. Das Publikum erfährt dabei, welche Gefühle der Augenblick für Sie barg.

Üben Sie. Entspannen Sie sich. Bleiben Sie natürlich. Der wirkungsvolle Einsatz von Gesten ist ein wichtiger Bereich des Vortrags.

Mimik und Körperhaltung: Guck mal! Das rechte Lid hat sich bewegt!

Der Gesichtsausdruck – die Mimik – ist ein ebenso vielseitiges Werkzeug, um das Gesagte zu betonen. Erhobene Augenbrauen, weit aufgerissene Augen, um Überraschung darzustellen, der Ausdruck tiefster Konzentration – das sind nur ein paar Beispiele dafür, wie man die eigenen

159

Gefühle in die Botschaft einfließen lassen kann. Jeder von uns hat wohl schon einmal Politiker, Lehrer oder Prediger langweilige, trockene Vorträge halten hören. Vielleicht haben Sie sich dabei zu ihrem Nachbarn gebeugt und bemerkt: „Ein bißchen mehr Leben könnte nicht schaden."

Dabei läßt sich eine Rede kaum stärker beleben als durch ein Mienenspiel, das alle Ausdrucksweisen eines wirklichen, lebendigen Menschen vorführt. Sind politische Reden nur scheinbar so langweilig? Doch, sie sind es wirklich. Oft werden sie abgelesen, und da bleibt dann die Mimik natürlich auf der Strecke. Man muß ja nicht gleich den Clown spielen oder total übertreiben. Geben Sie einfach Ihrem Gesicht die Chance, Ihre Gefühle zu zeigen.

Mein Kollege Mike Warnke legt seine Gesichtszüge in finstere Falten, wenn er berichtet, wie satt er es habe, Christen so stirnrunzelnd zu erleben. „Ich bin seit fünfzig Jahren Christ", grummelt er. „Ein herrliches Leben." Dann glätten sich seine Züge, und er fährt fort: „Wenn es so herrlich ist, Christ zu sein, dann sag doch bitte endlich deinem Gesicht Bescheid! Es hat offensichtlich bisher keine Ahnung davon."

Daraus ergibt sich mein Rat: Weihen Sie Ihr Gesicht in alles ein, was Sie sagen, damit es zum Ausdruck bringen kann, was in Ihrem Innern vorgeht. Der Gesichtsausdruck verleiht Ihrem Vortrag Lebendigkeit.

Studieren Sie auch Ihre Mimik mit Hilfe der Videokamera. Machen Sie Großaufnahmen von Ihrem Gesicht. Nehmen Sie eine Rede auf und sehen Sie sich selbst an. Würden Sie als Zuhörer im Publikum Ihren Worten Glauben schenken? Welche dem Inhalt entsprechenden Gefühle gibt Ihre Mimik wieder?

Sie können auch mit einem Freund gemeinsam üben. Dabei fordern Sie einander auf, Besorgnis, Trauer, Begeisterung, Aufregung, Angst, Freude, Verwirrung und so weiter auszudrücken. Werten Sie diese Übung kritisch aus. Übertreiben Sie dabei nicht in Richtung Schmierentheater. Arbeiten Sie daran, daß Ihre Mimik bei einem Vortrag genauso ungezwungen und natürlich kommt, wie wenn Sie mit einem Freund sprechen. Dabei beherrschen Sie ja auch nicht krampfhaft Ihre Züge, sondern lassen Ihr Gesicht ganz natürlich mitreden.

Auch die Körperhaltung spricht Bände. Ihr Auftreten bei der Rede wirkt als eine einzige große Geste. Mit der Haltung kann man Selbstvertrauen ausdrücken und die Aufmerksamkeit des Publikums einfordern.

Ganz allgemein gilt, daß man mit einer „aggressiven" Haltung (im Sinne von selbstbewußt) die größte Wirkung erzielt. Stehen Sie aufrecht, die Schultern straff, einen Fuß leicht vorgestellt. Beugen Sie sich leicht in Richtung Publikum. Wenn es stimmt, daß der ganze Körper als Geste wirkt, dann setzen Sie ihn gelegentlich auch so ein. Heißt es zum Beispiel: „Ich war so mutlos, daß ich noch so einen Tag nicht überstanden hätte", dann läßt man die Schultern sinken und den Kopf hängen. Das Publikum wird Ihre Gefühle so viel stärker nachvollziehen können.

Sagen Sie einmal folgende Worte, eins nach dem andern – und laut: „Ich war stolz." Jetzt stellen Sie sich vor den Spiegel. Bleiben sie einen Augenblick stehen und sagen die Worte noch einmal langsam und betont: „Ich! War! Stolz!"

Fällt Ihnen der Unterschied auf? Machen Sie eine Faust, und wiederholen Sie den Satz. Sie haben soeben die besprochenen Mittel eingesetzt, um die Bedeutung der drei Worte zu unterstreichen. Merken Sie, wie anders das wirkt? Sie konnten den Stolz doch direkt spüren, oder?

Ich hab klargemacht, daß Gott echt durchblickt und total abgehoben ist. Eigentlich war mein Vortrag voll cool, aber die haben bloß gelacht.

Die Stimme: Kann sie zum Hindernis werden?

Es gibt fünf Merkmale einer Stimme, die wir beim Vortrag selten berücksichtigen. Manchmal achten wir wenig auf diese Aspekte, vernachlässigen sie sogar, weil wir glauben, daran ließe sich eh' nichts ändern. Und doch kann man an genau diesen fünf Merkmalen der Stimme arbeiten.

1. Die Lautstärke: Was verrät man damit?

Dieses stimmliche Merkmal trägt ungemein zur Bereitschaft von Jugendlichen bei, dem Redner zuzuhören. Wer zu leise spricht, macht meist den schwerwiegendsten Fehler. Verständnis und Aufnahme unserer Worte werden in Frage gestellt, wenn wir das Publikum zwingen, sich beim Zuhören permanent anzustrengen. Wenn man lange genug mit Jugendlichen umgegangen ist, dann weiß man, daß die meisten Angehörigen dieser Spezies sich nicht gern unnötig anstrengen (verständlich, oder?). Sie werden nicht viel Energie aufwenden, um auch ja jedes Wort mitzubekommen. Viel eher fangen sie in so einem Fall an, miteinander zu tuscheln oder sich anders abzulenken.

Wenn Ihre Stimme von Natur aus leise ist, dann greifen Sie unbedingt zum Mikrofon. Müssen Sie häufig reden, dazu in unterschiedlicher Umgebung, dann trainieren Sie Ihre Stimme. Es gibt ja heutzutage durchaus entsprechenden Unterricht. Für Sänger und Schauspieler ist Stimmschulung ganz normal. Wenn Sie wollen, daß Ihre Botschaft gehört wird, dann sprechen Sie hörbare Worte! Jede Mühe um eine vollere Stimme wird Früchte tragen.

Seltener begegnet man Rednern, die zu laut sind. Damit ärgern sie ihr Publikum allerdings auch. „Ihre" Kids sind nämlich in einem Alter, in dem unangemessene Autoritätsansprüche abgelehnt werden. Überhaupt gilt ihr Widerstand jeder Autorität. Ein „Kasernenhofton" versetzt dann die Gruppe in teils unterschwelligen, teils bewußten Ärger.

Dazu kommt, daß einem „Marktschreier" kein Spielraum im Ausdruck mehr bleibt. Brüllen kann man nur auf ein und demselben Niveau. Wenn schon die ganze Rede sehr laut vorgebracht wird, was wollen Sie dann noch anstellen, um bestimmte Punkte stärker zu betonen?

Vielleicht müssen Sie laut reden, weil die Gruppe oder der Raum so groß ist. Hier ist eine Lautsprecheranlage nötig, die Ihnen die Mühe abnimmt, damit Sie sich auf die Kommunikation konzentrieren können. Hier muß man allerdings vorsichtig sein. Ich habe mich schon einmal samt zweitausend Teenagern fünfundvierzig Minuten lang unter einem Redner gewunden, der in die Anlage hineinbrüllte wie ein Büffel. Jeder hätte ihn auch in normaler Sprechlautstärke ausgezeichnet verstanden. So hat er nicht nur die Lautsprecher ruiniert, sondern auch seine Chance, den Kids wirklich etwas mitzuteilen. Schon nach einer Viertelstunde war ich körperlich und geistig von seinem Gebrüll völlig erschöpft.

Erst letzten Monat bekam ich den Brief einer jungen Bekannten, die ein großes Jugendtreffen besucht hatte. Sie schrieb: „Die meisten Versammlungen waren gut, aber den Redner XY fand ich total unsympathisch. Er fing dauernd an zu schreien und ist anscheinend ständig auf irgendwen sauer!" Ich bin sicher, daß dieser Redner sich selbst eine starke Wirkung zuschrieb. In Wirklichkeit machte er sein Publikum einfach nur verbal nieder.

Für die Lautstärke gilt die Regel: Die Stimme muß weit genug tragen, soll aber eine normale Sprechstimme bleiben. Man sollte sich einen guten Variationsspielraum gönnen, um bei Bedarf flüstern oder auch laut rufen zu können.

Stimmlage: Zu hoch oder zu tief?
Nichts macht mich nervöser als eine hohe, piepsige Sprechstimme. Ob es eine gesellschaftlich bedingte Geschmackssache ist oder schlicht und einfach mit den Bedürfnissen des Trommelfells zusammenhängt – eine quäkige oder überhaupt zu hohe Stimme entfremdet dem Redner jedes

164

Publikum, besonders Jugendliche. Im allgemeinen gilt, daß jemand, der zu laut spricht, tendenziell auch seine Stimmhöhe in unangenehme Bereiche quält. Gerade Frauen können hier wegen ihrer naturbedingt höheren Tonlage echte Probleme bekommen.

Wenn Sie sich Ihrer Stimmlage nicht sicher sind, sollten Sie eine Aufnahme machen und sich dann abhören. Zucken Sie dabei ständig zusammen und fühlen sich einfach nicht wohl, dann haben Sie das Problem erkannt. Suchen Sie einen Fachmann für Stimmbildung auf und bitten um Übungen, mit denen die Stimmhöhe gesenkt werden kann. Keine Angst, das ist meist nicht besonders schwierig zu lernen und erfordert nur etwas Wissen und Übung. Außerdem darf man möglichst nicht laut sprechen. Allein das bewirkt in der Regel schon eine tiefere, angenehmere Stimmlage.

Wieder einmal kann hier eine Anlage die Erlösung bedeuten. Wenn die Stimme nur durch leiseres Sprechen tiefer wird, so daß man nicht mehr gut verstanden wird, ist ein Mikrofon angesagt. Sie werden staunen, in wie kurzer Zeit sich Ihre Stimme zum Positiven verändern kann.

Ich weiß noch sehr gut, wie ich mich das erste Mal auf Band gehört habe. Andauernd zuckte ich vor Schreck zusammen. Ich klang wie Nachbars Lumpi! Nachdem ich eine Woche lang geübt hatte, gab es einen merklichen Unterschied. Ein Monat bewußter Mühen erbrachte eine deutlich angenehmere Stimme. Wenn es Ihnen mit der Redekunst ernst ist, arbeiten Sie an Ihrer Stimmlage – am besten gleich!

Stimmklang: Beim nächsten Ton des Zeitzeichens…
Das nächste Merkmal der Stimme ist der Klang. Viele haben sich eine Redeweise angewöhnt, mit der sie die Wirkung ihrer Worte abschwächen. Der eine spricht durch die Nase, was einen schwer erträglichen Klang ergibt. Der andere nuschelt oder murmelt, was dem Zuhörer das Verständnis seiner Worte unnötig erschwert. Auch habe ich manchen kehlig tief reden hören. Das klingt dann leicht außerirdisch; für Telefonate mit anderen Planeten ist das akzeptabel, aber

bei Vorträgen vor Jugendlichen eher hinderlich. Mein Rhetoriklehrer an der Schule hat mir ein paar Tips gegeben, die sich als äußerst hilfreich gegen eine zu hohe, näselnde Stimme erwiesen haben.

Erstens: Immer tief Luft holen. Man kann ohne Luft kein Wort klar, verständlich und eindringlich hervorbringen. Machen Sie zum Beispiel folgende Übung: Atmen Sie aus und sagen dann „wunderbar". Als nächstes holen Sie tief Luft und sprechen das gleiche Wort. Merken Sie, wie deutlich das Wort klingt, wenn die Lunge gut gefüllt ist?

Atmen Sie mit dem Zwerchfell, nicht mit der Brust. Legen Sie einmal die Hand auf den Bauch, wo die Rippen enden. Jetzt tief Luft holen. Wenn die Hand nach innen geht, atmen Sie flach über die Brust. Wenn die Hand nach außen geht, atmen Sie tief genug über das Zwerchfell. Unser Atem verleiht nicht nur uns, sondern auch unseren Worten Leben.

Zweitens: Lassen Sie die Wörter immer bis zur Zungenspitze kommen, bevor Sie sie aussprechen. Dazu später ein Übungssatz. Zunächst dürfen die Wörter nicht zur Zungenspitze vordringen. Zwängen Sie sie direkt aus der Kehle. Wenn das gelingen soll, wird die Halsmuskulatur beansprucht. Alles klar? Sagen Sie nun: „Habt ihr schon gewußt, daß Gott euch liebt?" Haben Sie sich selbst zugehört? Das klingt nach Marsmensch, nicht wahr?

Schauen Sie vorsichtig nach, ob Sie nicht ein UFO mit Aliens angelockt haben, das auf der Suche nach verirrten Mitreisenden ist. Sollte das nicht der Fall sein, wiederholen Sie den Satz. Diesmal dürfen die Wörter bis zur Zungenspitze kommen. Machen Sie den Mund weit genug auf. Jedes Wort soll an den Zähnen vorbei ins Freie rutschen. Das macht die Aussprache doch viel deutlicher. Die Wörter wirken klarer und interessanter. Auch schwindet die Versuchung, durch die Nase zu sprechen. Geben Sie der Zungenspitze eine Chance.Fertig? Holen Sie tief Luft und sagen: „Habt ihr schon gewußt, daß Gott euch liebt?"

166

Was stört
dich an
meiner Stimme?

Redetempo: Wo brennt's denn?
Beim Thema Redetempo drängt sich der Vergleich zum Fahren auf. Kaum jemand verliert seinen Führerschein wegen zu langsamen Fahrens, aber Jahr für Jahr werden Tausende erwischt, weil sie zu schnell sind. Wenn man beim Redetempo etwas falsch machen kann, dann ist es fast immer zu schnelles Reden. Obwohl der Verstand mit unglaublich schnell gesprochenen Worten fertig werden *kann*, klappt das nur, wenn der Zuhörer absolut motiviert und entspannt ist und nichts ihn ablenkt.

Unter normalen Umständen sollte man entspannt reden – im Gesprächstempo oder höchstens ein bißchen schneller. Wenn man zu schnell wird, entgehen dem Zuhörer die Worte und Argumente. Man muß sich so auf das Verständnis der maschinengewehrartig auf einen einhagelnden einzelnen Worte konzentrieren, daß einem der rote Faden des Gesamtkontexts völlig abhanden kommt. Die meisten Jugendlichen haben es bald satt, sich darauf einzustellen. Schnelles Reden schüchtert das Publikum ein. Man fühlt sich an einen Versicherungsvertreter erinnert. So etwas kann aber auch Spott einbringen. Ein wohlbedachtes Redetempo dagegen vermittelt ein Gefühl von Selbstsicherheit und Vertrauenswürdigkeit und fesselt die Aufmerksamkeit des Publikums viel wirksamer.

Abwechslung: Die Würze des Lebens.
In einer Fernsehsendung über ein kleines Droiden-Mädchen – einen Roboter – wurde sehr anschaulich gezeigt, wie wichtig ein variantenreiches Sprachvermögen ist. Die Rolle des Mädchens war stark beschränkt, weil sie ganz monoton reden mußte. Alle Sätze kamen in der gleichen Betonung, Lautstärke und Tonhöhe und vollkommen ohne Ausdruck aus ihrem Mund. Als Zuschauer entwickelte man keine Sympathie für die Kleine, weil sie eben ein Roboter war.

Wir alle sind doch schon bei monotonen, glanzlosen Vorträgen eingeschlafen – jedenfalls beinahe. Benehmen wir uns also nicht wie Roboter. Spielen Sie mit Ihrem Stimmfall, um dramatische, begeisterte, traurige oder andere Stimmungslagen auszudrücken. Variieren Sie die Lautstärke. Wenn man einmal laut wird, um eine Aussage angemessen zu betonen, holt man die geistig Abwesenden wieder zurück; ein Flüstern im richtigen Augenblick vermittelt die nötige Spannung. Gewöhnen Sie es sich gar nicht erst an, auch nur einen einzigen Satz herunterzuleiern. Wenn das passiert, machen die Zuhörer schon dicht, bevor man noch recht angefangen hat.

Lauschen Sie einmal Aufnahmen von Ihren Vorträgen. Würden Sie selbst ganz Ohr sein? Betrachten Sie Ihr Publikum. Sind die Augen eigentlich noch offen? Schauen die Zuhörer Sie an, oder spielen Sie schon Schiffe versenken? Gilt ihre ganze Aufmerksamkeit einer Fliege, die an der Decke entlang krabbelt? Solche Symptome lassen darauf schließen, daß man sich langweilt. Deshalb: Legen Sie mehr Abwechslung in Ihre Stimme. Abwechslung ist nicht nur die Würze des Lebens; beim Vortrag vor Jugendlichen steht und fällt man damit.

Die Sprache: Prägnant und klar

Wie maulfaul wir doch manchmal sind, wenn es um die Erweiterung unseres Wortschatzes und Sprachvermögens geht! Wir haben eine Todesangst vor der Stille. Folglich reden wir auch dann weiter, wenn wir eigentlich nichts zu sagen haben und produzieren Wortmüll, der keinen anderen Zweck hat, als die Zeit totzuschlagen.

Der beliebte Füll-Laut „Äh" wird übermäßig oft von Rednern verwendet, die über ihr nächstes Wort nachgrübeln. Traurig, daß wir diese Laute meist ganz unbewußt einsetzen. Viele meiner Kursteilnehmer lassen in ihre erste fünfminütige Rede zwanzig bis dreißig „Ähs" einfließen – etwa alle zehn Sekunden. Manchmal sind sie regelrecht verblüfft, wenn sie beim Abhören der Kassette erleben müssen,

wie das „Äh" sogar manchmal vier- bis fünfmal hintereinander kommt, bis man den Gedanken dann endlich beisammen hat. Wenn Ihnen das auch so oft passiert, dann ist
Ihr Vortrag bis zu zehn Prozent aus absolut sinnlosen Lauten
zusammengesetzt!

Weitere Füllwörter ohne jeden Sinn sind beispielsweise:
also, einfach, wirklich, echt, quasi, ein Stückweit, irgendwie oder
okay. Unbedingt vermeiden! Stille ist nichts Feindliches.
Tatsächlich wirkt sich so ein Augenblick des Schweigens,
während Sie nach angemessenen Worten suchen, positiv auf
die Dynamik der Rede aus. Gerade Jugendliche übernehmen schlechte Sprachgewohnheiten so schnell, daß sie sich
wie eine Epidemie ausbreiten. Zum Beispiel wird das Wört-
chen „irgend" in allen möglichen und unmöglichen Sätzen
und Worten untergebracht. Kommt es Ihnen bekannt vor?
„Ich bin *irgendwie* von *irgendeiner* Schule nach Hause gefahren, als ich *irgendwie* an *irgend* so einer Unfallstelle vorbei-
kam. Fand ich *irgendwo* schlimm."

AUFHÖREN! Ich wiederhole: HÖREN SIE AUF zu
glauben, daß man mit so zusammenhanglosen Ungereimt-
heiten als Redner eher akzeptiert wird. Reden Sie ziel-
bewußt und klar wie ein intelligenter Erwachsener.

Mit guter Vorbereitung gelingt es am besten, die Sprache von Füllwörtern zu befreien. Nehmen Sie
übungshalber die vorbereitete Rede auf. Hören Sie
sich das Band an und notieren die Stellen, wo Sie um
das richtige Wort gerungen haben. Schreiben Sie auf,
womit Sie die Denkpause gefüllt haben. Überlegen
Sie, mit welchem treffenden Wort sich das Füllwort
ersetzen läßt. Zählen Sie nach einer weiteren Aufnahme die restlichen Füllwörter. Sie werden einen dramatischen Rückgang feststellen. Inzwischen sind Sie ja
darauf aufmerksam geworden, meiden sie mit Bedacht
und sind besser vorbereitet: Man weiß, was man sagen
will.

170

> Denn irgend jemand
> hat so sehr irgendwas
> für irgendwen empfunden,
> daß er irgendwas
> hergab, damit irgendwer
> nicht mehr irgend so
> eine Erfahrung machen
> muß, sondern irgendwas
> bekommen würde.
>
> (Johannes 3,16)

„Gut, daß die Bibel ohne Füllwörter auskommt, stimmt's?"

Durchsuchen Sie die Rede anschließend nach den drei nächsten sinnlosen Wörtern: „Ding", „Sache" und „Zeug". Sie lassen sich fast immer durch anschaulichere Begriffe ersetzen. Ein Freund von mir hatte eine Lehrerin, die keine Aufgabe entgegennahm, in der eins dieser Wörter vorkam. Sie sagte: „Wenn du schreibst ‚Der Berg war mit Bäumen und so einem Zeug bedeckt', dann will ich wissen, was für ‚Zeug' das ist, ehe ich den Berg besteige." Wenn neben den Bäumen auch noch Felsen auf dem Berg sind, dann wird die Rede durch die genauere Angabe bildhafter und interessanter. Handelt es sich bei den Dingen um menschenfressende Riesenwürmer, dann ist die ganze Sache zweifellos span-

171

nend, und die Lehrerin wird wahrscheinlich zu Hause bleiben und auf die Bergbesteigung verzichten.

Man kann große Fortschritte machen, wenn man sich an das „Zeug" hier hält. Merken Sie, worauf ich hinauswill? Weg mit den sinnlosen Wörtern! Bemühen Sie sich um eine vor-bild-liche Beherrschung der Sprache, indem Sie genau das sagen, was Sie meinen: Man kann große Fortschritte machen, wenn man sich an die Vorschläge in diesem Kapitel hält.

Teil 3

Für Fortgeschrittene: Lippen- und Zungenfertigkeit

8. Kapitel
Wahrlich, ich sage dir, dein Publikum schläft

Es gilt als bewiesen, daß Humor heilsam sein kann, Hemmungen abbaut und eine unverzichtbare Zutat für die grundlegende Verständigung ist. Man braucht kein Komiker zu sein, um Humor zu entwickeln und einzusetzen. Man hat auch beweisen wollen, daß sich unmittelbar nach dem Öffnen der Bibel eine gewisse Schläfrigkeit einstellt.

Das alles muß nicht sein. Kopf hoch. Lernen wir gemeinsam, wie sich die Vermittlung biblischer Wahrheiten glanzvoller gestalten läßt.

Humor: Was ist eigentlich so lustig daran?

Jetzt kommt mein Lieblingskapitel in diesem Buch! In den letzten fünfundzwanzig Jahren habe ich meinen Lebensunterhalt mit Spaß und Witzen verdient. Dieser Humor ist das Mittel gewesen, durch das ich die Ehre hatte, zu Tausenden von Jugendlichen und Erwachsenen in aller Welt zu sprechen. Meiner Meinung nach geht nichts über geschickt eingesetzten Humor, um Herzen zu erweichen, Wälle aus Zynismus abzubauen und verschlossene Türen zu öffnen, damit die Verständigung klar und deutlich wird. Lachen ist eine therapeutische Übung, bei der Kopf und Herz frei werden. Als Mittel in der Rede eingesetzt, steigert es den Blutdruck und weckt echtes Interesse.

Zum Humor gehört ein gemeinsames Grundverständnis, das genutzt werden kann, im Nu eine Beziehung zum Publikum herzustellen. Witze und lustige Anekdoten funk-

174

tionieren so, daß jeder von der gleichen Verständnisebene ausgehen kann. Mit einer einfachen, witzigen Geschichte kann man erreichen, was man mit einer ganzen Rede nicht schaffen würde.

Außerdem verhilft ein Witz dem Redner zu sofortigem Feedback. Wenn ein Redner nie etwas Witziges sagt, muß er auf kaum merkliche Hinweise achten, um seinen Erfolg einschätzen zu können: Ist jemand aufgestanden und gegangen? Werfen die übrigen Zuhörer mit Tomaten? Sind sie wirklich anwesend; nicht nur körperlich? Der Redner möchte gern annehmen, daß alle, die ihn anschauen, ihm jedes Wort von den Lippen lesen. In Wirklichkeit könnten diese Zuhörer gerade an eine Verabredung denken, ein familiäres Problem wälzen oder im Traum tausend Kilometer weit weg an einem sonnigen Strand liegen. Der Redner kann einfach nicht ermitteln, ob die Kids wirklich zuhören. Wenn er aber eine witzige Geschichte wiedergibt, um einen Punkt zu veranschaulichen, und das Publikum mit herzhaftem Lachen reagiert, dann weiß er: Man hat ihm zugehört und ihn sogar verstanden.

Humor hat aber auch einen beängstigenden Aspekt. Wenn der Versuch, witzig zu sein, mit Schweigen und leeren Blicken quittiert wird, kann eine ansonsten gute Rede ins Leere laufen. Der Redner ist danach ein toter Mann, wenn sein Herz das nicht mitmacht. Darum sagen Komiker, sie sterben auf der Bühne tausend Tode, wenn niemand lacht. Ein mißlungener Witz ist wie Sterben – nur schlimmer. Wenn man im wirklichen Leben stirbt, hat man wenigstens die Chance, in den Himmel zu kommen. Machen wir uns also an die Arbeit und kümmern uns um den Witz in der Rede.

Natürlichkeit.
Wie im letzten Kapitel besprochen, sollte man sich immer und unbedingt treu bleiben. Der Humor im Vortrag muß etwas mit der Persönlichkeit des Redners zu tun haben. Wenn man normalerweise ernst ist, fühlt man sich bei

trockenem, geistreichen Humor gut aufgehoben. Höchstwahrscheinlich hätte Mark Twain nicht sehr lange als Spontan-Komiker auf der Bühne durchgehalten, aber seine Satiren und geistreichen Bemerkungen beweisen, daß er einen genialen Sinn für Humor hatte.

Wer Sinn für Humor hat, muß nicht unbedingt auch ein Komiker sein. Ein intellektuell geprägter, witziger und subtiler Humor eignet sich zwar für gelungene Kommunikation, aber nicht für das Showgeschäft. Hier geht es mehr um Unterhaltung, die aber als solche ein wunderbares Mittel ist, sich Zugang zu den Zuhörern zu verschaffen. Seit Jahren habe ich in meinen Lehrgängen den Anwendungsbereich des Humors in der Kommunikation betont. Für mich ist es einfacher, einen guten Redner zu seinem ganz eigenen Sinn für Humor zu leiten, als einem guten Komiker beizubringen, wie er seine Witze für die Kommunikation nutzen kann.

Allzu häufig aber gibt der Redner auf, wenn er mit seinen Witzen ein paar Mal gescheitert ist. Wer schon einmal erlebt hat, wie peinlich so eine Niederlage sein kann, kann sich das gut vorstellen. Allerdings geht man häufig aus rein methodischen Gründen baden. So mancher Redner stellt sich durch seine riskante Darbietung von Witzen selbst ein Bein.

„Gestern sagte meine Tochter etwas Lustiges (bei dieser Einleitung ist man auf den Lacherfolg angewiesen). Wir haben ein Bibelratespiel gemacht. Da habe ich ihr folgende Frage gestellt: ‚Warum hat Gott Adam und Eva aus dem Garten Eden vertrieben?‘ Sie dachte einen Moment lang nach und antwortete dann: ‚Weil sie *Fruit of the Loom* gegessen haben.‘

(Anm. des Übersetzers: ‚Frucht des Webstuhls‘, eine T-Shirt-Marke).

Wenn jetzt keiner lacht, hängt man durch. Wenn man sich seines Erfolges nicht absolut sicher ist, sollte man eine witzige Geschichte nie so einleiten: „Ich habe heute einen tollen Witz gehört" oder „Den werdet ihr bestimmt witzig

176

finden" oder „Gestern sagte meine Tochter etwas Lustiges". Wenn die Leute den Witz dann nicht so toll finden, ist man erledigt! Wie Sie wahrscheinlich schon wissen, wird die Verständigung nicht gerade leichter, wenn man erledigt ist.

Die obige Geschichte könnte mit weniger Risiko dargeboten werden. Nehmen wir mal an, Sie haben vor zu zeigen, wie wichtig es ist, Gottes Gebot zu gehorchen. Dann können Sie den Witz als Einführung verwenden, um über die Sünde von Adam und Eva zu reden. Man könnte so anfangen:

„Gestern abend habe ich mit meinen Töchtern ein Bibelratespiel gemacht. Ich habe die kleine Taryn gefragt: ‚Warum hat Gott Adam und Eva aus dem Garten Eden vertrieben?' Nach kurzer Bedenkzeit antwortete sie: ‚Weil sie *Fruit of the Loom* gegessen haben.' Meine Tochter hat vielleicht die Speisekarte mißverstanden, das Problem aber erkannt: den Ungehorsam."

Wenn man jetzt lacht, darf sich der Redner freuen; wenn nicht, dann hat er unbeschadet überlebt. Und so geht es weiter: „Die ganze Familie hat gelacht. Irgendwie aber spielt die falsche Antwort keine Rolle. Ob Adam und Eva nun T-Shirts heruntergewürgt haben oder einen Apfel, eine Wassermelone oder von mir aus auch den Baum selbst, ist ganz egal. Es geht darum, daß sie ungehorsam waren."

Nutzen Sie die witzige Begebenheit zur Veranschaulichung ihres Arguments, nicht zur bloßen Unterhaltung. Ob dann das Publikum lacht oder nicht, hat die Geschichte trotzdem ihrem Zweck gedient. Es ist nicht peinlich, wenn niemand lacht, weil Sie diese Erwartung gar nicht erst geweckt haben. Wenn der Lacherfolg ausbleibt, haben Sie die Chance, bei einer anderen Gruppe die Geschichte etwas abzuwandeln. Vielleicht richten Sie dann Zeitpunkt und Wortwahl so ein, daß das Ganze witziger wird. Lachen dann alle – toll! Ihr Bonus. Wie auch immer, die Botschaft wurde begriffen.

Auf die riskantere Methode lasse ich mich bei der folgenden Begebenheit ein. Neulich beim Camping mit der Familie in der Wildnis stellten wir fest, daß der sonntägliche Kirchenbesuch wohl diesmal nicht in Frage kam. Also improvisierten wir einen Privat-Gottesdienst im Freien. Meine ältere Tochter Traci meldete sich freiwillig für die Predigt. Dazu gehörten auch Fragen, mit denen sie unsere Bibelkenntnis testete. Ich brauchte eine Viertelstunde, um wieder meine Fassung zu erlangen, nachdem Taryn, meine Jüngste, auf die Frage geantwortet hatte: „Wie hat Gott die Menschen geschaffen?"

Wie aus der Pistole geschossen und mit einer Begeisterung, die nur Kinder aufbringen können, sagte Taryn: „Erst hat Gott den Mann gemacht. Dann merkte er, daß der Mann einsam war. Also hat er ihn eingeschläfert, seine Lunge rausgenommen und sie irgendeiner Frau gegeben."

Kein Witz darf die Botschaft verdunkeln.
Humor ist ein wirkungsvolles Mittel zur Belebung der Kommunikation. Mißbrauch von Humor aber kann die Kommunikation zunichte machen. Sind die Witze nicht geschmackssicher, können sie alles Positive zerstören, das man sagen möchte. Entgegen weitverbreiteter Meinung sind die allermeisten Kids nicht auf groben oder grausamen Humor scharf, *es sei denn,* ihre „Anführer" gewöhnen sie an diese Art von Witzen. Was bei dem einen Publikum ankommt, ist für das nächste vielleicht nicht akzeptabel. So etwas will sorgfältig beurteilt werden. Die Maßstäbe können gar nicht hoch genug sein. Ein wirklich guter Komiker kann auch bei Wahrung des Geschmacks witzig sein. Bringen Sie nur das Beste auf die Bühne!

Manchmal läßt sich Humor als Waffe einsetzen, als Mittel zum Verletzen; gelegentlich verletzt er auch unabsichtlich. Wir leben in einer Gesellschaft, wo gegenseitiges Necken als Zeichen gedeutet werden darf, daß man akzeptiert wird. Man hört auch Stimmen, wonach so etwas unter Christen nicht vorkommen sollte, auch wenn die „Anmache" nicht böse gemeint ist. Da bin ich anderer Meinung. Es gehört zu den positiven Werten des Humors, einander auf schmerzfreie Weise mitteilen zu können: Ich kenne deine Schwächen, und ich akzeptiere dich samt deiner Schwächen.

Und doch kann die gleiche Teenager-Kultur, in der die witzige Anmache als Mittel sozialer Akzeptanz gilt, ihren Humor auch als Waffe gegen Unerwünschte einsetzen. Wir sollten nie zulassen, daß unsere Witze in diese Kategorie abrutschen.

Einmal stand ich mit Alvin Law auf der Bühne, einem jungen Kanadier, der ohne Arme zur Welt kam. Wir stellten uns den Fragen eines Publikums von etwa 2.000 Teenagern. Wenn eine Frage kam, antwortete einer von uns darauf. Ich hatte gerade drei hintereinander behandelt, als ein Junge ans Mikrofon trat und fragte: „Wie ist es, ohne Arme zu leben?" Bei so viel Direktheit wurde es im Publikum totenstill.

Nach einem Augenblick ungemütlicher Nervosität trat Alvin ans Mikrofon, zwinkerte mir zu und sagte: „Ken, dazu würde ich gern Stellung nehmen, wenn es dir nichts ausmacht." Sofort war die Spannung gelöst. Wir lachten und merkten, daß es gar keinen Grund gab, nervös zu sein. Wichtig daran ist, daß nur Alvin diese Bemerkung hätte machen können. Hätte ich gesagt: „Alvin, die Frage geht wohl an dich", dann hätte er wegen unserer Freundschaft den Witz verstanden. Aber Hunderte von Zuhörern, die von dieser Freundschaft nichts wußten, hätten dahinter Grausamkeit wittern können. Humor ist ein zweischneidiges Schwert. Man sollte genau wissen, mit welcher Seite man trifft.

Eine letzte Warnung: Die positive Reaktion des Publikums auf witzige Bemerkungen ist eine berauschende Erfahrung. Allzuleicht sagt man etwas nur um des Lachers willen, dann aber auf Kosten der Kommunikation. Wir dürfen nie vergessen, daß unsere Botschaft von der Liebe Christi von ungeheurer Bedeutung ist. Unser Humor ist nichts als ein wirksames Mittel, ein effektvoller Türöffner, um diese Botschaft weiterzusagen. Setzen Sie ihn genau so ein!

Die witzigen Begebenheiten des Alltags.
Gott hat uns eine Fülle von Material verliehen, das wir als gute Beobachter witzig verpacken und zur Bereicherung unserer Vorträge einsetzen können. Wie man solche Alltagssituationen wahrnehmen und umsetzen kann, haben Sie ja bereits im 5. Kapitel gelesen. Ausgesprochen humoristische und treffende Lehrstücke lassen sich aus ganz einfachen Konzepten entwickeln.

Jede Comedy-Show im Fernsehen lebt von den komischen Details des Alltagslebens. Ich selbst habe mir einen witzigen Sketch über meine Sammlung von mehr als zweihundert „Kotztüten" (im Flugzeug vorgefunden) zusammengebastelt, die ich aus aller Welt mitgebracht habe.

Mit wohldosiertem Humor kann man das Publikum sensibel und empfänglich machen für die ernsteren Themen. Der Komiker Richard Pryor kann (trotz seiner zahlreichen Ausdrücke unterhalb der Gürtellinie) Lachsalven hervorrufen, aber auch Tränen des Mitleids, wenn er sich an seine Kokainsucht erinnert.

Was ist daran so lustig?
Die drei Hauptelemente eines Witzes *sind Überraschung, Übertreibung und Wahrheit.* Jede humorvolle Geschichte, jeder Witz kann eins oder eine Kombination aller drei Elemente enthalten.

Bei vielen Witzen wird die Überraschung zum Schlüsselerlebnis. Man erwartet einen bestimmten logischen Schluß, doch die Pointe führt in eine ganz andere Richtung.

„Kennst du den schon, wo jemand aus dem Flugzeug fällt?"

„Schlecht für ihn."

„Nein, eher gut. Er hatte einen Fallschirm."

„Gut für ihn."

„Nein, eher schlecht. Der Fallschirm ging nicht auf."

„Schlecht für ihn."

„Nein, eher gut. Unten war ein Heuhaufen."

„Gut für ihn."

180

„Nein, eher schlecht. Da steckte nämlich eine Heugabel drin."

„Schlecht für ihn."

„Nein, eher gut. Er fiel nicht auf die Heugabel."

„Gut für ihn."

„Nein, eher schlecht. Er fiel neben den Heuhaufen."

Weil der Witz sich hinzieht, ist man geneigt, an eine wundersame Rettung zu glauben, doch mit dem abrupten Ende des Witzes (ganz zu schweigen vom abrupten Ende, das der unglückliche Pechvogel nahm) stellt sich der Überraschungseffekt ein. Wer seinen Humor aber allein auf diesen Überraschungseffekt gründet, riskiert viel. Es ist ausgesprochen schwierig, damit zu glänzen.

Andere Witze wirken durch Übertreibung. Gestern abend hörte ich mir einen Komiker an, der den Ärger mit seinem Hund näher beschrieb. Er hatte das Tier „Sitz" genannt. Der Hund gerät in totale Verwirrung, wenn er ihn ruft: „Komm, Sitz! Komm, Sitz! Komm!"

Auch einfache Wahrheiten, ans Licht gebracht, bewirken Erheiterung. Wenn uns jemand etwas bisher Ignoriertes erkennen hilft, sind wir in der Lage, über uns selbst zu lachen. Mit einem meiner Stücke will ich verdeutlichen, daß Eltern manchmal ganz sinnloses Zeug sagen. Nur Eltern bringen Sprüche wie: „Wenn du dir mit dem Rasenmäher die Beine abschneidest, dann brauchst du nachher nicht zu mir gerannt kommen!" Und nur Eltern stellen ihren Kindern Fragen, die auf keinen Fall wahrheitsgemäß beantwortet werden dürfen. Beispiel: „Denkst du, ich bin blöd?"

Manchmal lachen wir, wenn wir gezwungen sind, die lächerlich einfache Wahrheit zu erkennen. Gelegentlich ist diese Wahrheit gar nicht so albern. Eine Mutter war die Hälfte eines Fluges damit beschäftigt, ihr Töchterchen ruhig zu stellen. Das kleine Mädchen belästigte die anderen Passagiere und rannte den Gang entlang. Mehrmals drückte die gequälte Mutter die Kleine fest auf ihren Platz, mußte dann aber erleben, wie sie bei nächster Gelegenheit wieder losstürmte. Schließlich geriet die Mutter in Rage, ließ das

181

Mädchen auf den Platz fallen und machte den Gurt besonders fest. „Sitz jetzt still!" sagte sie bestimmt. Das Mädchen blieb minutenlang still sitzen, fing aber verschmitzt an zu lächeln. „Warum grinst du denn so?" wollte die Mutter wissen.

„Weil", erwiderte die Kleine, „ich außen sitze, aber innendrin renn' ich immer noch rum."

Die Wahrheit? Witzig und traurig zugleich. Wie viele Teenager kennen wir nicht, die äußerlich einen ganz friedlichen Eindruck machen, innerlich aber rebellieren? Die kleine Begebenheit ist ein gutes Beispiel für risikofreien Humor. Wenn ich die Geschichte erzähle, wird meist gelacht. Wenn nicht, ist sie immer noch eine gute Illustration!

Wenn Sie das nächste Mal eine lustige Geschichte hören, dann freuen Sie sich wie immer darüber. Fragen Sie sich später aber einmal: „Warum habe ich eigentlich gelacht?" Wenn man sich klarmachen kann, worin der Witz einer Sache liegt, dann kann man auch die eigenen Ideen witzig erzählen.

Bei einem humoristischen Konzert in einer großen Kirche gab es eine Störung, als die Sanitäter einen Mann aus dem Publikum wegbringen mußten, der einen Herzinfarkt erlitten hatte. So ein Vorfall dämpft natürlich jeden Spaß. Wir kamen schnell zum Schluß und beendeten die Veranstaltung. Weil der Infarkt während eines hysterischen Lachanfalls passiert war, fühlte ich mich in gewisser Hinsicht verantwortlich und schrieb dem Mann einen Entschuldigungsbrief. Sein Antwortschreiben schätze ich mehr als alle Rezensionen und Auszeichnungen, die ich je bekommen habe. Darin hieß es: „Ken, ich mache mir keine Sorgen um meinen Tod. Ich habe mich schon vor vielen Jahren darauf eingestellt, meinem Herrn zu begegnen. Du sollst dich wegen des Herzinfarkts nicht fertigmachen. Ich hatte schon vier davon. Vielen Dank für den besten Herzinfarkt, der mir je passiert ist. Sich totzulachen wäre nicht die schlechteste Art zu sterben. Zeig den Menschen, welche Freude Christus bringen kann."

Dieser Mann kennt die wahre Quelle der Freude. Sein Brief machte mir wieder einmal klar, wie wertvoll Humor ist. Das vergesse ich nicht so leicht.

182

Hier, ein Glas Wasser. Meine Schwester hat gesagt, heute vormittag wären Sie sehr trocken gewesen.

Leichen in der Bibelstunde: Wer hat die biblischen Figuren umgebracht?

Wenn Sie das nächste Mal einem Vortrag zuhören, sollten Sie einmal die folgende Gruppenreaktion beobachten: Der Redner erzählt Witze, eine Geschichte oder hält sogar einen interessanten Vortrag. Dann greift er zur Bibel oder macht irgendeine Andeutung, daß er aus der Bibel zitieren werde. Bei vielen Zuhörern ist sofort ein Stimmungsumschwung zu bemerken: man stellt sich auf eine langweilige Phase ein.

> Deshalb folgende Behauptung: Ich glaube, daß wir unsere Jugendlichen regelrecht darauf trainiert haben, sich von der Bibel langweilen zu lassen. Jahrelang wurde die Bibel so sehr mystifiziert, vergeistlicht und blutleer gemacht, daß die Langeweile unausbleiblich war. Viele Kids machen sich deshalb heute mit dem gleichen „Wohlbehagen" an die Bibel, mit dem sie an eine Shakespeare-Ausgabe gehen würden – ein Buch aus der Vergangenheit für die Vergangenheit. Doch diese Konditionierung läßt sich rückgängig machen.

Es dauerte mehrere hundert Jahre, bis man es gewagt hat, das Evangelium in eine Sprache zu übertragen, mit der der moderne Mensch etwas anfangen kann. Viele von uns machen sich Sorgen, daß eine moderne Übersetzung auf Kosten der Wahrheit gehen könne und beharren auf dem Althergebrachten. „Wenn die Luther-Übersetzung für meinen Opa gut war, dann ist sie's erst recht für mich." Vor dem sechzehnten Jahrhundert stand die Bibel, ursprünglich in Hebräisch und Griechisch verfaßt, überhaupt nicht in den Volkssprachen zur Verfügung. In jenem Jahrhundert aber übersetzten einige Theologen die Bibel in Deutsch und Englisch. Für den englischen Sprachraum überzeugten einige kluge „Jugendpastoren" König James, man müsse wieder einmal versuchen, die Bibel sprachlich an das Verständnis der Zeitgenossen anzupassen. Natürlich ging das gewissen konservativen Theologen mächtig gegen den Strich. Schauen wir uns einmal zwei wirkungsvolle Methoden an, wie man die Bibel für die heutigen Teenager lebendig machen kann.

Halten Sie Ihre Kinder an, die Bibel in einer Sprache zu lesen, die sie selbst sprechen – so oft wie möglich. Manchmal unterschätzen wir die Intelligenz unserer Kinder ebenso sehr wie die Möglichkeiten des Heiligen Geistes, durch die Bibel zu ihnen zu reden. Wenn wir den Kindern einbleuen, daß nur Theologiestudenten genügend qualifiziert sind, das Wort Gottes zu verstehen, dann möchte ich bezweifeln, daß sie sich jemals für den Inhalt des Buches interessieren werden. Es geht nicht darum, die einzelnen Bibelstellen „korrekt" auszulegen. Vermitteln wir den jungen Leuten doch lieber den Glauben, daß der Geist Gottes ihnen die Wahrheit zeigen kann und diese Wahrheit ihr Leben verändern wird.

Weisen Sie darauf hin, daß die biblischen Gestalten echte Menschen waren, nämlich Männer und Frauen ohne Heiligenschein und stets würdevolle Haltung. Sie hatten menschliche Gefühle und reagierten ganz normal auf Streßsituationen. Sie ärgerten sich und waren traurig. Sie machten Fehler und erhielten Vergebung. Sie verliebten sich, verletzten sich gegenseitig und haben miteinander gelacht.

Und auch Jesus selbst war ein ganzer Mensch, nicht das blutleere Heiligenbildchen, als das wir ihn oft darstellen. Er hat geweint und geschimpft, gelacht, geschlemmt, genossen und gelitten – er war voller Leidenschaft, Kraft, Liebe und Traurigkeit. Er hat nicht milde lächelnd über allem gestanden und für alles einen passenden Spruch bereit gehabt, ohne daß ihn das alles wirklich gekratzt hätte. Er hat sich zutiefst auf das Leben und die Menschen eingelassen. Er wollte nicht leiden und sterben; im Garten Gethsemane hat

185

er Blut und Wasser geschwitzt. Seine Göttlichkeit wird durch diese Menschlichkeit nicht in Frage gestellt – im Gegenteil. Gerade weil er menschlich war, erhält sein Opfertod erst die volle Bedeutung. Er war kein aalglatter Heiliger, der mal eben ans Kreuz gegangen ist, weil er ja sowieso wußte, daß es ein Happy-End gibt. Er ist wirklich voller grausamer Schmerzen, Angst und Demütigung gestorben. Er war ein Mensch; echt und lebendig. Und zu einem solchen Menschen kann ich auch echte, lebendige Liebe empfinden.

Oft vermitteln wir die biblischen Gestalten als so steril, glatt und unglaubwürdig, daß kein echter Mensch mehr dahinter zu erkennen ist. Dabei waren sie Menschen aus Fleisch und Blut. Denken sie nur einmal an Petrus, diesen wunderbaren, dickköpfigen, leidenschaftlichen, dummen und ganz und gar menschlichen Kerl! Als er und die anderen Jünger die Wunder Christi miterlebt hatten, war keine gepflegte Langeweile oder gar Murren im Spiel. Es muß Situationen gegeben haben, als ihnen fast die Augen aus dem Kopf gefallen sind.

Als Petrus Jesus auf dem Wasser laufen sah, hat er wohl kaum mit einem nur mühsam unterdrückten Gähnen aufgesagt: „Wahrlich, es wandelt jemand auf dem Wasser." Ich wette, das Boot wäre beinahe umgekippt, als sich alles auf eine Seite drängte, um besser zu sehen. Glaubt denn jemand ernsthaft, Petrus' Puls sei ganz normal geblieben, als er auf Jesu Aufforderung einging, das Boot zu verlassen und zu ihm zu kommen? Unmöglich! Wenn Jesus heute auf dem Wasser ginge, dann würden die Kameras wie verrückt klicken. Die skeptische Presse würde am nächsten Tag Schlagzeilen bringen: „Ist Jesus Nichtschwimmer?"

Manchmal müssen die Jünger miteinander geweint haben. Hätte ich miterlebt, wie jemand, der sein Leben lang gelähmt gewesen ist, gesund die Straße entlang tanzt, dann hätte ich vor Rührung geheult wie ein Schloßhund. Und dann denke man bloß an die Mischung aus maßlosem Erschrecken, Freude und Verwirrung, als die Jünger vom

186

auferstandenen Jesus begrüßt wurden – von ihrem geliebten Meister, der ohne jeden Zweifel tot gewesen war und alle ihre Hoffnungen mit ins Grab genommen hatte. Was für eine Achterbahn der Gefühle muß das gewesen sein!

Manchmal bringt man Leben in die Sache, wenn man die biblischen Geschichten so präsentiert, als seien sie im modernen Umfeld passiert. Bei der Geschichte vom verlorenen Sohn ist das besonders naheliegend, aber es funktioniert auch bei anderen Personen.

Es wird auch besser, wenn wir uns von der Bibel und der Intensität ihrer Geschichten und Personen wirklich berühren lassen. Haben Sie zum Beispiel schon mal darüber nachgedacht, wie wahnsinnig gern Zachäus Jesus sehen wollte? Er stieg extra auf einen Baum. Bevor Sie jetzt dagegenhalten: „Na und?", denken Sie einen Augenblick nach. Zachäus war ein verhaßter, korrupter Steuereinnehmer, der ganz bestimmt nicht auffallen oder sich zum Gespött der Leute machen wollte. Wann haben Sie das letzte Mal einen Steuerfahnder auf den Baum klettern sehen? Zachäus hatte eine alles überwältigende Sehnsucht danach, Jesus zu begegnen, und er hat ihr nachgegeben, koste es, was es wolle – auch wenn er Gefahr lief, sich dabei lächerlich zu machen. Das war schon ein gewaltiger Schritt. Ob er an diesem Tag an einem Punkt angekommen war, wo er merkte, daß ihn all das erschwindelte Geld nicht glücklich machte? Wie war Zachäus wohl zu dem geworden, was er war? Ob er ein weichherziges Kind gewesen und erst durch harte Erfahrungen ein so mieser Typ geworden war? Vielleicht hatte seine Oma ihm früher einen Funken von Liebe vermittelt, nach dem er sich jetzt zurücksehnte; vielleicht hat er auch zum ersten Mal auf sein Herz gehört, das ihm sagte, daß Jesus ihm geben konnte, wonach er sich aus tiefstem Herzen sehnte… und dabei hat er das Leben gewonnen.

Wenn man versucht, sich auf diese Weise in eine biblische Person hineinzuversetzen, gewinnt sie plötzlich neue Dimensionen, auch wenn man die Geschichte schon tausendmal gehört hat. Nicht wahr?

Mir war klar, daß früher oder später
irgendein Idiot wissen will,
wie schwer es ist, einen Reichen
in den Himmel zu kriegen.

188

Manchmal haben die biblischen Leute auch gemeinsam gelacht. Elton Trueblood schrieb ein ausgezeichnetes Buch mit dem Titel *The Humor of Christ*. Es sollte von jedem gelesen werden, der den jungen Menschen Spaß an der Bibel vermitteln will. Truebloods Buch hat mich an eine Bibelstelle erinnert, die mir von jeher Spaß gemacht hat. In Matthäus 19,24 sagte Jesus zu seinen Jüngern: „Es ist leichter, daß ein Kamel durch ein Nadelöhr gehe, als daß ein Reicher ins Reich Gottes komme." Ich stelle mir das beim Lesen bildlich vor. Wie soll ich bloß ein Kamel durch ein Nadelöhr kriegen? Vielleicht mit dem Schwanz anfangen? Eins muß ich sagen: Wenn ich es schaffen sollte, ein Kamel durch ein Nadelöhr zu fädeln, dann wäre es hinterher ganz schön durchgenudelt!

Statt diese Geschichte zum Leben zu erwecken, machen wir sie platt: Man diskutiert, ob mit dem Kamel ein echtes Trampeltier oder nur ein Seil gemeint war, ob das Nadelöhr ein echtes Nadelöhr oder nur ein kleines Tor in der Stadtmauer war, das man „Öhr einer Nadel" nannte.

Kein Wunder, wenn jeder Jugendliche gähnt, kaum daß die Bibel aufgeschlagen wird! Die Pointe an der Kamelmetapher ist ein lachhaft unmögliches Unternehmen, von dem Jesus hier sprach – da ist es doch schnuppe, ob man ein Kamel einzufädeln oder durch ein zu kleines Tor zu quetschen versucht. Beides geht einfach nicht. Das macht die Reaktion der Jünger deutlich: „Wer kann da noch gerettet werden?" Die Liebe Christi aber ist stärker als jede Unmöglichkeit. Seine Liebe drang sogar bis zu solchen Menschen vor, die in Geld verliebt waren. Der Herr sagte: „Bei den Menschen ist's unmöglich; aber bei Gott sind alle Dinge möglich."

Ich finde diese Geschichte toll. Ich mag ihre Grundaussage. Jetzt fehlt mir nur noch der Schnappschuß vom Kamel, wenn es frisch durch die Nadel gefädelt wurde.

> Die Bibel ist quicklebendig, aber wir können Sie in den Augen junger Leute ganz schön tot aussehen lassen, wenn wir sie durch unverdauliche, unsensible Methoden blutleer wiedergeben.

Gegen das allgegenwärtige Vergeistlichen. Ich glaube an die Unfehlbarkeit der Bibel und ihre göttliche Inspiration. Ich bin allerdings wenig angetan von krampfhaftem Hineininterpretieren großer geistlicher Lehren in jedes Wort. Dabei denke ich an eine Sonntagsschulstunde, die ich gemeinsam mit meinem Cousin Jim erlebt habe. Die Lehrerin besprach einen Bibelvers Wort für Wort und fragte jeweils einen Sonntagsschüler, was seiner Meinung nach dieses Wort bedeute. Man echote genau jene Art von Antwort, die die Lehrerin gern hören wollte. Selbst in meinem zarten Alter konnte ich kaum glauben, was da geboten wurde.

Ein Junge sollte die Bedeutung folgender Worte erklären: „...und die Jünger verließen das Haus." Pflichtgemäß gab er mit fromm tremolierender Stimme folgendes unsterbliche Stück Weisheit preis: „Die vier Wände des Hauses bedeuten vier Arten von Sünde – die Augenlust, die Fleischeslust, die Geldgier..." Hier hielt er inne. Man sah, daß ihm die Lüste ausgingen, doch wenn seine Auslegung gut werden sollte, mußte er noch eine Lust hersagen. „...und die Lust am Lügen", fuhr er also ein bißchen lahm fort. „Als sie aus dem Haus gingen, entflohen sie dem Griff dieser Lüste und der Bosheit des Satans, die das Dach darstellt."

Ich sah ihn vor Selbstzufriedenheit fast platzen, als ihm dieses letzte Stück theologischer Improvisation gelungen war. Für seine unsägliche „Schriftauslegung" wurde er dann auch hoch gelobt. Mein Cousin hing zusammengekrümmt auf dem Stuhl, um nicht vor Lachen losplatzen zu müssen. Als die Lehrerin diesen explosiven Zustand bemerkte, blickte sie ihn finster an: „Vielleicht hast du eine bessere Auslegung, Jim."

Das war ernüchternd, aber immer noch zuckte ein Grinsen um seine Mundwinkel. Mit nachgeahmter Zitterstimme sagte er: „Dies ist ein Vers, der mich tief berührt. Wenn die Schrift (er rollte sogar das *r* in *Schrift* so, wie manche Prediger zu tun pflegen) sagt, die Jünger verließen das Haus, dann meine ich, daß Gott uns damit sagen will..." Hier stockte er und schaute gen Himmel. „Er will uns damit wohl sagen, daß die Jünger einfach aus dem Haus gingen."

190

Haltet den Mund und setzt euch!

Das heutige Thema ist die Liebe Christi.

Als das Lachen wieder abklang und die Lehrerin Jim mit ihrem strafenden Blick verwundet hatte, ging die Stunde weiter. Jim hatte natürlich recht gehabt. Man braucht kein Griechischexamen für die Erkenntnis, daß diese Worte nur eins sagen wollen: die Jünger verließen schlichtweg das Haus.

Leider lernten die Kinder in meiner Sonntagsschulklasse, daß man die Bibel manipulieren muß, um etwas auszusagen, das wir ihr in die Zeilen legen. Selbst als Kinder haben viele dann nicht nur diese Methode, sondern mit ihr gleich die ganze Bibel abgelehnt. Das darf nicht passieren!

Biegen wir die Bibel doch nicht so hin, daß sie aussagt, was sie unserer Meinung nach aussagen sollte und zu unserer vorgefaßten Meinung paßt. Vermitteln wir den Kids doch lieber eine freudige Erwartungshaltung beim Bibellesen:

Die Bibel ist nicht wie jedes andere Buch! Ihr Geheimnis ist, daß sie lebendig ist, daß der lebendige Gott durch sie zu uns spricht, hier und heute, zu dir und mir. Wenn wir wirklich glauben, daß Gott unser Leben verändert, müssen wir dazu beitragen, daß die Bibel zu unseren Kindern sprechen kann!

Biblische Wahrheiten müssen angewendet werden.
Am besten helfen wir den jungen Leuten, sich an Gebote und Wahrheiten der Bibel zu halten, wenn wir ihnen praktische Anwendungsmöglichkeiten für das eigene Leben aufzeigen. Viele junge Christen suchen ernsthaft in der Bibel nach Zielen und Hilfen für ihr Leben. Beim Thema Nächstenliebe könnte man sie dazu aufrufen, erst einmal den eigenen Eltern zu sagen, daß man sie liebhat. Das ist für die meisten eine sehr abstruse und herausfordernde Idee. Doch wenn sie diese Idee ernstnehmen, erfahren sie sehr schnell und sehr anschaulich, was Jesu revolutionäre Art, mit Menschen umzugehen, alles Ungeahntes in ihrem ganz persönlichen Leben bewirken kann!

192

Weisen Sie auf praktische und durchführbare Möglichkeiten hin, das Gelehrte anzuwenden. Wenn man von der Verantwortung für die sozial Schwächeren redet, könnte man Gelegenheiten schaffen, den alten Nachbarn zu besuchen oder seine Einkäufe zu erledigen.

Solche Erfahrungen prägen Inhalte tiefer ein als alle schwungvollen Worte, die man je predigen könnte. Die wichtigste aller Methoden, die Bibel zum Leben zu erwecken, ist diese: Wenn man das Wort Gottes praktisch anwendet, wird es ganz real und lebendig. Gottes Lebenskonzept ist total revolutionär – und es funktioniert! Es verändert wirklich Leben zum unfaßbar Besseren! Dazu ist es gemacht! Die Bibel ist praktische Lebenshilfe pur!

9. Kapitel
Spezialverfahren

Im Laufe des Dienstes bekommen Sie es wahrscheinlich mit Situationen zu tun, die einen Methodenwechsel erzwingen. Zum Beispiel wenn man immer vor dem gleichen Publikum, vor einer kleinen Gruppe oder einer altersmäßig gemischten Gruppe spricht. In diesem Kapitel werden Ihnen deshalb einige „Spezialverfahren" geboten, um sich auf solche Situationen einstellen zu können.

Immer das gleiche Publikum:
Haben wir uns nicht schon mal gesehen?

Dieser Abschnitt ist denen gewidmet, die Woche für Woche die gleichen Zuhörer haben. Oft schaut man bewundernd auf „importierte" Showtalente, die von Ort zu Ort reisen und jedes Publikum mit tollen Auftritten hinreißen. Deprimierend, sowas?

Machen Sie sich bitte klar, daß diese Redner einen Koffer voll mit bewährten Botschaften haben. Häufig werden diese Vorträge immer wieder gehalten. Alle Schwachstellen sind längst beseitigt. Die witzigen Stellen wirken todsicher. Solche Reden sind durch die Übung beinahe perfekt geworden. Als eins von diesen „Zugpferden" darf ich soviel sagen: Wenn man einen von uns mehr als drei Monate an ein und denselben Ort pflanzen würde mit der Auflage, der gleichen Gruppe jede Woche einen Vortrag zu halten, dann wäre unsere Schokoladenseite schnell abgenutzt. Um in Schwung zu bleiben, bräuchten wir eine Menge Kreativität, müßten auch wir die Prinzipien dieses Buches neu beher-

194

zigen und uns der Botschaft von der Liebe Christi neu verpflichten.

Am meisten Bewunderung zolle ich den Männern und Frauen, die regelmäßig und mit Erfolg vor der gleichen Gruppe reden. Hier also einige Schlüssel zu diesem Erfolg.

Vorsicht: Das „Star-Syndrom"!
Häufig verläßt der Mut den Jugendpastor schon nach den ersten Monaten im Amt. Das ist oft eine Folge des „Star-Syndroms". Wer davon befallen ist, mißt seinen Erfolg daran, ob er von den Kollegen als der Beste anerkannt wird. Er muß unbedingt der Star sein. Wie beim Fußball genießt er das Spiel nur, wenn er den Ball führt und die Tore macht. Daher macht sich schnell Enttäuschung breit, weil die Jugendgruppe sich bald so an ihn gewöhnt hat, daß die Gegenwart des Leiters ihnen aber auch gar keine Ehrfurcht mehr einflößt. Das Maß an Leid ist dann voll, wenn etwa gleichzeitig auch noch alle „Tricks" vorgeführt worden sind – die besten Witze sind erzählt, alle guten Veranstaltungsideen erprobt. Da steht die Frage im Raum: „Was nun?"

Das Star-Syndrom ist eine ernstzunehmende Gefahr für den Werdegang des Jugendleiters, kann aber geheilt werden. Statt jede Woche neu den Status des Stars halten zu müssen, wäre es gesünder, eher eine Trainerrolle zu übernehmen. Was für eine Erleichterung, wenn man sich nicht mehr allein für den Sieg verantwortlich fühlen muß! Vielmehr darf man jede verfügbare Quelle nutzen, um die Ziele der Wochenlektion zu erreichen. In der einen Woche zeigt man einen Film und überläßt ihm den Löwenanteil an der „Message". Dann lädt man vielleicht mal einen Gastredner ein. Andere Mittel gegen den Leistungsdruck, quasi „Teamkameraden", sind Kurzgeschichten, Musikstücke, Videos, Rollenspiele, Gruppendiskussionen, Hörkassetten, Kopien und ein gelegentlicher Spaß- und Spieleabend zur Abwechslung. Gute Erfahrungen machen manche Gruppen damit, die Jugendlichen selbst mal das Treffen planen und durchführen zu lassen. Haben sie erst einmal gemerkt, wie

Er übt seinen Vortrag für den nächsten Jugendgottesdienst.

anstrengend es ist, so einen Abend in Gang zu bekommen, verhalten sie sich vielleicht sogar mitfühlender und aufmerksamer, wenn Sie wieder „dran" sind. Sie dürfen sich nicht auf Ihre Vorträge als einziges Mittel verlassen, sonst droht Ihnen der schnelle „Burn-Out".

Das Lernen durch Erfahrung kann hier weiterhelfen. Es ist nämlich durch die Forschung nachgewiesen worden, daß der Mensch am besten lernt, wenn er beteiligt wird. Man kann zwar eine hervorragende Rede zum Thema „Verständnis für die Eltern" halten. Aber wenn die Teilnehmer bei einem Rollenspiel gezwungen werden, die Situation aus der elterlichen Sicht zu beurteilen, bewirkt man ein Verständnis, das mit der Rede nie erreicht werden könnte.

Ich erinnere mich an einen Mann, der über Prioritäten sprach. Der Redner machte nicht nur Worte, sondern bezog uns in den Vortrag ein. Er ließ uns auf fünf verschiedenen Blättern aufschreiben, welche fünf Dinge uns im Leben am wichtigsten waren. Dann legte er uns auf eine Rangfolge fest, indem er uns nacheinander jedes Blatt verbrennen ließ, bis nur noch eins übrig war. Bis zum heutigen Tag kann ich mich erinnern, was auf diesem letzten Blatt gestanden hatte. Ich wurde dazu gezwungen mich zu entscheiden, welcher Aspekt im Leben mir damals am wichtigsten war.

Immer werde ich in der Schuld von Mrs. Peterson stehen, einer Rhetoriklehrerin, die mich wirklich zum Reden brachte, statt mir nur die Regeln guter Rhetorik beizubringen. Diese Art von Erfahrungslernen hat meinen ganzen Lebenslauf verändert.

Nutzen Sie Ihr kreatives Potential, um Methoden zu finden, mit denen die Kids am Lernprozeß beteiligt werden. Für jemanden, der gern im Rampenlicht steht, sind diese Methoden zunächst unbequem. Davon hängt aber nichts weniger als Ihr Überleben ab. Das Star-Syndrom wird entweder das frustrierende Ende Ihrer Karriere erzwingen oder Ihnen sehr kurze Gastspiele als Star in vielen verschiedenen Kirchen einbringen. Wenn Sie das Gefühl haben, bereits in dieser Tretmühle zu hängen, lassen Sie sich seelsorgerlich beraten. Schränken Sie sich ein. Seien Sie ehrlich zur Gruppe und zu Ihren Vorgesetzten. Dann fangen Sie an, die Lasten und Ehren zu verteilen. Eine anstrengende Arbeit, ich weiß! Die Mühe wird aber durch einen Dienst belohnt, der Bestand hat.

Die Jagd nach Rekorden.
Wer von dieser Sucht befallen ist, braucht bei jedem Auftritt einen Höhepunkt. Diese Erwartungshaltung ist mit dem Star-Syndrom nahe verwandt; sie entsteht aus dem Streben nach Erfolg und hetzt den Jugendmitarbeiter in die Zwangslage, von Mal zu Mal ein größeres, inspirierendes und besseres Ergebnis erzielen zu müssen. Wiederum ist es einfacher, sich vorher vor dem Streß dieser aussichtslosen Erwartung zu schützen, als das bereits aufgetretene Problem in den Griff zu bekommen. Das Geheimnis: Immer ein paar Truppen in Reserve halten. Wenn man noch nicht das beste Pulver verschossen hat, darf man getrost abwarten. Sorgen Sie für eine gute Planung mit sämtlichen zuvor schon erwähnten vielfältigen Methoden (Filme, Videos, Gastredner und so weiter).

> Die Jugendlichen wissen, daß sie jede Woche ein anregendes, informatives und irgendwie anderes Treffen erwarten können. Das heißt aber nicht, daß an jedem Abend ein Feuerwerk aufgeboten werden muß. Gewöhnen Sie sich an den Gedanken, daß Qualität nicht unbedingt etwas mit Rekordergebnissen und einer „Monster-Show" zu tun hat.

Holen Sie immer mal zwischendurch die Kräfte aus Ihrer Reserve und legen einen echten Spurt hin; das muß aber nicht jedesmal sein. Machen Sie sich aber trotzdem die Mühe, auch die weniger glanzvollen Meetings in hoher Qualität zu gestalten. Dann brauchen Sie kein schlechtes Gewissen zu fürchten, wenn nicht das jeweils nächste Treffen einen neuen Rekord bringt. Die Teilnehmer

198

stellen sich auf ein gewisses Qualitätsniveau ein und freuen sich auf glanzvolle Highlights bei besonderen Gelegenheiten.

Trainieren ist besser als selbst spielen.
Machen Sie sich klar, daß der langfristige Erfolg mehr von der Arbeit hinter den Kulissen als von den spektakulären Auftritten vor dem Publikum abhängt. Je mehr man sich unspektakulär und persönlich für die Jugendlichen einsetzt, je mehr man sich ihnen im Alltag zu Verfügung stellt, desto mehr Respekt erntet man. Der einzelne Teenie, den man letzte Woche zu Hause besucht hat, hört bei jedem Wort des Vortrags genau hin. Das persönliche Engagement für einzelne Jugendliche der Gruppe bringt unendlich viel mehr als sämtliche Künste der Rhetorik und Gestaltung von Höhepunkten.

> Entscheidend ist, das Ziel im Auge zu behalten. Unser Ziel ist nicht der Oscar für das beste Programm oder die gewaltigste Rede (obwohl wir uns andererseits in beiden Bereichen nicht mit Durchschnitt zufrieden geben sollten). Das Ziel ist immer noch, die Botschaft von Jesus und seiner Liebe weiterzugeben und den jungen Leuten Inspiration und Anleitung zu geben, die Wahrheiten dieser Botschaft in ihrem Leben zu verwirklichen.

Alle zuvor gemachten Vorschläge lassen sich nur anwenden, wenn man den Wert langfristiger Planung kennt. Wenn man bis zur letzten Minute wartet, um den wochenlang erwarteten Abend zu planen, kommt man nicht aus den eingefahrenen Geleisen heraus. Investiert man aber zum richtigen Zeitpunkt die Mühe, im voraus zu planen, dann darf man sich auch einmal eine Pause gönnen. Mit langfristiger Planung ist nicht nur bessere Kommunikation möglich. Sie sorgt auch für eine längere „Karriere" als Jugendmitarbeiter.

Wenn wir uns ein bißchen anstrengen, können wir die Besucherzahl verdoppeln.

Hier noch ein letzter Rat: Gestalten Sie mindestens einmal im Jahr das Repertoire ganz neu. Nutzen Sie eins der Jugendleiterseminare, die an verschiedenen Orten von unterschiedlichen Organisationen durchgeführt werden. Ich glaube, solche Konferenzen sind unverzichtbar für die eigene geistliche Frische und Aufmunterung. Man trifft auf Gleichgesinnte, von deren Erfahrungen und Gedanken man profitieren kann und kommt mit aufgeladenen Batterien und neuen Ideen für die Jahresplanung nach Hause.

Die kleine Schar: Bildet bitte mal einen Kreis... ihr beiden

Die meisten Jugendgruppen bestehen aus weniger als fünfundzwanzig Teilnehmern. Für diese Kreise gelten die gleichen Kommunikationsregeln wie für Gruppen von hundert oder mehr. Es gilt jedoch, ein paar Besonderheiten zu beachten.

Wie oft habe ich miterleben müssen, daß sich ein Lehrer oder Jugendbeauftragter Woche für Woche vor die kleine Gruppe hinstellte und einen formvollendeten Vortrag hielt. Obwohl diese Methode dem Gesagten hin und wieder eine besondere Bedeutung und Betonung verleiht, ist es meist besser, die „kleine Herde" ungezwungener anzureden. Komme ich in eine knapp zehnköpfige Gruppe, bitte ich fast immer darum, daß ein Kreis gebildet wird, der jedem das Gefühl gibt, dazuzugehören. Selbst bei zehn bis fünfundzwanzig Teilnehmern rege ich die Teens an, sich dicht und ungezwungen zusammenzusetzen, damit eine gemütliche Atmosphäre entsteht, die bei einem größeren Publikum unmöglich wäre.

Weiter kann der Leiter einer kleinen Gruppe langfristig den Besuch größerer Veranstaltungen wie Konzerte, Tagungen und Festivals einplanen. Häufig fühlen sich die Jugendlichen so, als ob sie ganz allein mit ihrem Glauben dastehen. Eine gemeinsame Fahrt zu einem christlichen Musikfestival oder großen Treffen kann die kleine Gruppe neu beleben. In Deutschland könnte so ein Ereignis bespielsweise das jährliche Bundesjugendtreffen der Baptisten oder der Freien Evangelischen Gemeinde sein, Großveranstaltungen wie das „Christival" oder der Kirchentag, ein Konzertereignis wie die „Christmas Rock Night" in Ennepetal oder das „Celebration Festival" im Stuttgarter Raum – oder das größte christliche Musikfestival auf dem Kontinent schlechthin, das „Flevo Totaal Festival", das jedes Jahr am dritten Augustwochenende in Eindhoven in Holland stattfindet und seit Jahren bis zu zehntausend begeisterte Jugendliche aus ganz Europa anzieht. So ein Ereignis verschafft einen Einblick darüber, wie viele andere junge Leute an Jesus glauben und wie diese anderen so drauf sind. Drei bis vier solche Aktivitäten im Jahr erzeugen eine Begeisterung und neu entfachtes Interesse, das sich für eine wirkungsvolle Arbeit nutzen läßt, egal, wie klein die Gruppe ist.

Wenn ich mir für einen humoristischen Abend ein Publikum aussuchen könnte, dann je größer, je lieber. Ginge es mir aber um eine wichtige Botschaft, die mir am Herzen liegt, dann würde ich mich für eine kleine Gruppe entscheiden. Hier finde ich eine vertraute Atmosphäre vor, die sich als fruchtbarer Boden erweist. Auch läßt sich hier die Interaktion in der Gruppe nutzen. Fragen und Diskussionen sorgen für Glaubwürdigkeit und verschaffen tieferes Verständnis für das Thema. Es gibt keinen Zwang, sich zu produzieren. Vielmehr wird wahrscheinlich jeder Versuch der Selbstdarstellung auf sehr wenig Begeisterung stoßen. Die Nachteile der kleinen Gruppe werden bei weitem durch die Vorteile aufgewogen, mit den Leuten vertrauter und liebevoller umgehen zu können.

Um jeden Abend besonders zu gestalten, sollte man alles verfügbare Material nutzen. Filme, Kassetten, Diskussionen, Rollenspiele und interessante Gäste (es kann zum Bei-

202

spiel unglaublich bereichernd sein, einmal seine eigene Oma aus ihrem langen Leben und ihren Erfahrungen mit Gott erzählen zu lassen!) sorgen für Abwechslung und Würze im Programm und bewahren vor einer verächtlichen Einschätzung, die manchmal bei allzu vertrautem Umgang miteinander entsteht.

Wenn Sie sich selbst einbringen, dann sollte es etwas Besonderes sein. Vermeiden Sie lange Ansagen, die von der eigentlichen Botschaft ablenken könnten. Das, was Sie vorzutragen haben, sollte sich immer klar von dem organisatorischen Teil abheben. Die Teilnehmer sollten wissen, daß Ihre Rede kurz und interessant wird.

Bevor Sie sprechen, sollten Sie eine gelungene Einleitung bringen. Also nicht so loslegen: „Hinsetzen und Mund halten! Wir fangen jetzt mit dem Abend an." Pause. Man starrt einander an. Dann macht man weiter.

Langweilig wird es auch, wenn man zu Beginn langweilige Ankündigungen macht: „Ich möchte die unter euch, die mit auf die Skifreizeit fahren, daran erinnern, daß... bla, bla, bla." Manchmal hat man sich so sehr an die Zuhörer gewöhnt, daß man sie als etwas Selbstverständliches betrachtet. Versuchen Sie lieber, sich folgenden Ablauf vorzustellen: Ihre Gruppe hat sich darauf eingestellt, daß Sie kurze, aber höchst gehaltvolle Vorträge halten. Man weiß, daß Sie nicht jede Woche reden. Letzte Woche gab es einen Film mit anschließender Diskussion. Das Treffen dieser Woche begann mit zwei gemeinsamen Liedern, die einer von den Teilnehmern angestimmt hatte. Ein anderer Teilnehmer hat eine Liste mit bevorstehenden Veranstaltungen vorbereitet und macht kurz und prägnant die Ankündigungen. Ein weiterer stimmt die Gruppe mit einem kurzen Gebet auf das Thema ein. Und dann treten Sie vor und halten Ihre Ansprache.

Die besten Leiter von Kleingruppen sorgen immer für hervorragende Beiträge, und sie schöpfen in punkto freiwillige Mitarbeiterschaft aus dem Vollen. Damit will ich nicht sagen, daß Sie nie die Ankündigungen machen dürfen oder sich bei anderen Führungsaufgaben zurückhalten sollen. Vielmehr sollten Sie das Potential nutzen, um jedesmal, wenn Sie einen Vortrag halten, mit Vorfreude von seiten Ihrer Zuhörer rechnen zu können. Diese positive Erwartungshaltung muß mit Lebendigkeit, Abwechslung und hervorragenden Beiträgen belohnt werden.

Ich kann es gar nicht oft genug sagen: Viel zu oft wartet man bis zur letzten Minute mit der Planung. Dann ist es zu spät, sich den Film zu besorgen, an die Unterlagen für das Rollenspiel zu kommen oder den Gastredner einzuladen, der am anderen Ende der Stadt wohnt. Also muß man sich hinstellen und wieder so einen hastig und schlecht vorbereiteten Vortrag halten (ist ja schließlich nur das übliche mickrige Häufchen Leute!). Wenn aber lange genug vorher die Ziele und Planungen stehen, dann eröffnet sich eine ansonsten nicht verfügbare Palette von Möglichkeiten. Die Kids (jedes einzelne von ihnen!) haben das Beste verdient, das Sie geben können. Dann fällt ihnen gar nicht auf, wie wenige Teilnehmer sie sind. Es kommt nicht auf die Menge an, sondern auf den einzelnen Menschen!

Diskussionsfragen, Rollenspiele und andere Formen der Interaktion sind unverzichtbar, um bei einer kleinen Gruppe eine effektive Kommunikation in Gang zu bekommen. Obwohl diese Methoden nicht der Schwerpunkt dieses Buches sind, lassen sich doch ein paar Beobachtungen mitteilen, die wichtig sein können.

Eine offene Atmosphäre sorgt für Diskussionsfreudigkeit.
Häufig fällt die Diskussion in der kleinen Gruppe wie eine Prüfung aus. Der Leiter stellt eine Frage, ein paar tapfere Teilnehmer probieren zu antworten, und dann verrät der Leiter die „richtige" Antwort. Dieses Vorgehen bringt zwei negative Folgen mit sich. Entweder geben die Teilnehmer sich verschlossen, weil sie keine „falsche" Antwort geben wollen. Oder aber es kommen bestimmte Antworten, von denen man glaubt, daß der Leiter sie lieber hört als das, was man wirklich denkt oder empfindet.

204

Fragen Sie die Jugendlichen lieber gleich nach ihren Empfindungen angesichts des Themas. Geben Sie kein Urteil ab, vergleichen Sie nicht. Wenn man nach Meinungen fragt, muß man sie respektieren und dem Teilnehmer danken, sich zu Wort gemeldet zu haben – selbst dann, wenn die Meinung völlig daneben ist. Sie erwarten ja den gleichen Respekt, wenn Sie eine Ansprache halten und sagen, was Sie denken. Setzen Sie sich für das allgemeine Recht ein, gehört zu werden.

Ein Jugendpastor bat mich einmal um Hilfe bei seiner Gruppe. Die Jugendlichen verweigerten bei Diskussionen ihre Mitarbeit einfach total. Die etwa zwanzig Kids waren genauso geschwätzig und rege wie jede andere lebendige Teenagergruppe. Beim ersten Teil des Vortrags blieben sie relativ höflich und aufmerksam. Als er aber eine Frage stellte, stieß er auf eisiges Schweigen. Alle wandten den Blick ab, um nicht angeschaut und möglicherweise aufgerufen zu werden. Meine Gegenwart ließ den Leiter diese Situation noch peinlicher empfinden, also bedrängte er die Kids immer mehr. Schließlich rückte ein Junge mit seiner Meinung heraus, um die peinliche Stille zu brechen. „Du spinnst wohl", reagierte der Leiter prompt, und dann wurde die Meinung des Jungen vor versammelter Mannschaft zerfetzt.

Kein Wunder, daß es hier nie zur Diskussion kam! Dem Leiter lag überhaupt nichts daran. Er wollte einfach nur Zustimmung zu allem, was er sagte. Sie dagegen brauchen sich nicht bedroht zu fühlen, wenn ein Teilnehmer mit seiner Meinung von Ihrer abweicht. Jeder Gedankenaustausch ist ein fruchtbarer Boden. Vielleicht liegt Ihnen jetzt die Antwort auf der Zunge: „Wir wollen doch die Wahrheit vermitteln!" Wenn die Wahrheit, die wir vermitteln wollen, sich nicht neben konkurrierenden Vorstellungen behaupten kann, dann kann es nicht die gleiche Wahrheit sein, die Jesus uns lehrte. Nehmen wir den Jungen, der seine Gedanken preisgab und vor der versammelten Mannschaft niedergemacht wurde? Wie offen wird er wohl

205

danach noch für die „Wahrheit" sein? Wenn man sich nicht anhört, was die Jugendlichen denken, kann man nicht erwarten, daß sie sich gern anhören, was der Leiter zu sagen hat.

Diskussion ist deshalb wertvoll, weil sie durch den offenen Austausch der Ideen die Kommunikation stärkt. Bei dieser Übung geht Ihre Autorität durchaus nicht baden. Die Kraft Ihrer Botschaft wird nicht durch unorthodoxe Ansichten gemindert, die frei geäußert werden. Im Gegenteil: Weil Sie respektieren, was der einzelne Teilnehmer denkt, hört man Ihren Gedanken aufmerksamer zu. Außerdem wissen Sie, welche Meinung zu bestimmten Themen wirklich in Ihrer Gruppe im Schwange ist.

Es ist viel besser, Widerspruch äußern zu lassen, als die Jugendlichen zum Verstecken Ihrer Gefühle zu zwingen und sie nachplappern zu lassen, was sie für die herrschende Meinung halten. So geschehen bei der Sonntagsschullehrerin, die ihre Gruppe fragte: „Was hat ein Fell, einen buschigen Schwanz und sammelt Nüsse für den Winter?" Es meldet sich etwas zögernd ein kleiner Junge. Als die Lehrerin ihn aufruft, sagt er: „Ich glaube eigentlich, es ist ein Eichhörnchen, aber ich schätze, daß es wohl Jesus sein soll."

Bei guter Kommunikation werden die Teilnehmer da abgeholt, wo sie stehen. Die Diskussion ist eine schöne Methode zum Feststellen genau dieses Standpunkts.

Stellen Sie W-Fragen. Statt zu fragen:
„Susan, glaubst du, daß Gott uns wirklich liebt?", gehen Sie einen Schritt weiter: „Susan, warum könnte man glauben, daß Gott uns liebt?" Bei der ersten Frage reicht als Antwort ja oder nein aus, und schon sind Sie wieder an der Reihe. Bei der zweiten Frage muß Susan dagegen über ihre wirk-

206

lichen Ideen und Erfahrungen nachdenken. Wenn ein Teilnehmer einen Punkt in Ihren Ausführungen anzweifelt, dann dürfen sie einen Freudentanz aufführen. Sie haben gerade den eindeutigen Beweis erhalten, daß Sie ein guter Diskussionsleiter sind! Die gleiche Freude wäre angebracht, wenn einer aus der Gruppe eins Ihrer Argumente so gut wiedergibt, daß man daraus auf Zustimmung schließen darf.

Man verschätzt sich allzu häufig, wenn man das Kompliment „Guter Vortrag" für bare Münze nimmt. Vielleicht haben die Zuhörer sich gut unterhalten gefühlt, oder das Kompliment war nur die höfliche Art, sich endlich zu verabschieden. Wenn wir aber Anzeichen erkennen, daß die Teilnehmer über unsere Auffassung nachdenken, sie bewerten oder gar in Frage stellen, dann wissen wir, daß unsere Arbeit wirklich gut war. Darin liegt der Wert der Diskussion. Sie liefert uns ein Feedback und ist ein ausgezeichnetes Barometer für unsere Entwicklung.

Wahrscheinlich müssen die Kids Ihrer Gruppe erst lernen, ihren Widerspruch unter Wahrung des Respekts zu äußern. Das übt man in Diskussionen, in denen man als Leiter jede geäußerte Idee offen und respektvoll hinterfragt. Vor der Diskussion stellt man Spielregeln auf. Bei solchen Gelegenheiten sollte man sich unbedingt vergewissern, daß man *Gedanken* in Frage stellt, nicht die Person. „Das ist eine blöde Idee" – damit stellt man die geistigen Fähigkeiten des Angesprochenen in Abrede. „Ich bin anderer Meinung" – das richtet sich gegen meine Gedanken oder Vorstellungen. „Das klingt interessant. Jetzt hör mal, wie ich darüber denke" – dahinter steckt am meisten Rücksicht.

Bei der Diskussion wird das Publikum eben total involviert.

Schaffen sie eine Atmosphäre, in der es möglich ist, einander in Liebe zu widersprechen. Dies ist dann besonders wichtig, wenn es Ihnen darauf ankommt, daß auch Außenstehende, die mit dem christlichen Gedankengut nichts anfangen können, sich in Ihrer Gruppe wohlfühlen. Wenn diese nämlich mitbekommen, wie die Teilnehmer Ihrer Gruppe sich ehrlich mit sich selbst, Gott und ihren Fragen an das Leben auseinandersetzen, statt nur etwas nachzubeten, fühlen sie sich gut aufgehoben und ermutigt, dasselbe zu tun. Wenn sie dagegen das Gefühl haben, in einen manipulativen Kreis geraten zu sein, wird sie das wohl kaum antörnen.

Merke: eine kleine Gruppe eignet sich weniger für große Veranstaltungen mit Showcharakter, aber auf jeden Fall für phantastische persönliche Beziehungen und Diskussionen.

Die Rede vor gemischten Altersgruppen: Ermitteln Sie die Artenvielfalt und stellen sich darauf ein

Was bisher behandelt wurde, gilt für die effektive Kommunikation in jedem Rahmen. Weil wir uns aber auf die Bedürfnisse der Zuhörer einstellen müssen, sollte uns klar sein, daß jedes Publikum eine leicht unterschiedliche Methode beim Vortrag verlangt.

In diesem Abschnitt betrachten wir die verschiedenen Altersgruppen und stellen fest, welche Anpassungen nötig sind, um Zugang zu ihnen zu finden. Mehr als ein Überblick wird nicht geboten; aber Sie werden eine Vorstellung davon bekommen, daß ein subtiler Methodenwechsel erforderlich ist.

Erwachsene.
Die Vertreter dieser Untergruppe sind deshalb einzigartig, weil sie fast immer den Eindruck erwecken, daß sie Ihnen zuhören. Lassen Sie sich aber nicht täuschen. Der einzige Unterschied zwischen Erwachsenen und Teenagern ist der: Wenn letztere sich langweilen, verstecken sie es nicht. Teenager zeigen bei akuter Langeweile Symptome wie Augenrollen, Gähnen und tuschelnde Unterhaltungen. Manchmal entarten diese Symptome zum gefürchteten Herumreichen von Zettelchen. Erwachsene haben dagegen anscheinend eine größere Verdauungskapazität für Wortreichtum oder ein dickeres Fell, was aber nicht als Ausrede für uninteressante Vorträge herhalten darf.

Ich war gerade von einer Veranstaltung mit mehr als 9.000 Teilnehmern zurückgekehrt, wo die Jugendlichen von den Erwachsenen getrennt „versorgt" wurden. Nach zwei Tagen fingen die Erwachsenen an, sich aus den trockenen, anstrengenden Seminaren zurückzuziehen, die für sie gedacht waren. Zu Hunderten strömten sie in die Jugendveranstaltungen. Warum? Erwachsen sein bedeutet noch lange nicht, daß man sich freiwillig anöden läßt, wenn es auch anders geht. Erwachsene brauchen und wollen die gleiche anregende, interessante und zielgerichtete Art der Ansprache, die Jugendlichen gefällt. Erwachsene sind einfach toleranter und höflicher; die Langeweile zeigt sich unauffälliger. Wenn ihre Gedanken abschweifen, werfen sie weder Papierflieger, noch malträtieren sie ihren Vordermann. Ihre Blicke gelten immer noch Ihnen, in Gedanken aber sind sie längst auf Hawaii.

„Kids" bis etwa sechzehn Jahre.
Die nächste interessante Untergruppe der menschlichen Spezies sind der Grundschule entwachsene Nicht-mehr-Kinder. Anders als Erwachsene, von denen man auch noch angeschaut wird, wenn sie kein Wort mehr vernehmen, können sie über Tisch und Bänke klettern, nehmen sich dabei aber gleichzeitig jedes Wort von Ihnen zu Herzen.

210

Halten Sie den Vortrag knapp und spannend. Sagen Sie etwas, das für die Ewigkeit zählt. Man hört Ihnen zu. Jedes Ihrer Worte kommt an, wenn Sie sich die Aufmerksamkeit der Kids nicht grob verscherzen.

Die Kids bis sechzehn sind das schwierigste Publikum der Welt, und zwar ganz einfach weil es sich in einem extremen Umbruchsprozeß mit sehr verschiedenen Entwicklungsstadien befindet.

Vor zehn Jahren stand ich vor dreihundert solchen Schülern, um einen Vortrag zu halten. In der vordersten Reihe saßen zwei exakt gleichaltrige Jungen. Der eine hatte den Arm um ein Mädchen gelegt. Er sah aus, als hätte er schon vor einem Jahr mit dem Rasieren angefangen. Er war muskulös, körperlich voll entwickelt und sprach mit tiefer, rauher Stimme. Mit seiner Freundin hatte er offensichtlich schon eine ziemlich intime körperliche Beziehung. Neben ihm saß der andere, gleichaltrige Junge. Er machte sich noch nichts aus Mädchen. Klein und mager wie er war, stand ihm die Pubertät noch bevor. Seine Haut war noch nie mit einer Rasierklinge in Berührung gekommen. Mit dünner, piepsiger Stimme erzählte er allen, die es hören wollten, daß ihm auf der Welt nichts wichtiger sei als seine Eltern, sein bester Freund Ed und sein Cocker-Spaniel.

Mit welcher Rede soll man die Bedürfnisse dieser beiden Jungen abdecken? Der eine interessiert sich ganz bestimmt für einen Vortrag zum Thema Sex, der andere kichert dabei vermutlich nur herum, weil er noch nichts damit anfangen kann. Der eine findet den Witz zur Einleitung lustig, der andere kindisch. Aufgrund dieser Unterschiede werden die beiden nicht einmal zur gleichen Gruppe gehören wollen.

Außer der Aufteilung in kleinere Gruppen gibt es keine Möglichkeit, mit dieser problematischen Unterschiedlichkeit fertig zu werden. Machen Sie das Beste aus der Situation: alle Programmpunkte müssen spannend und kurz sein.

211

Meiner Erfahrung nach kann man in dieser Altersstufe an guten Tagen mit maximal drei bis fünf Minuten Aufmerksamkeit rechnen. Will man also eine aufmerksame Gruppe, muß man für ein abwechslungsreiches Programm mit Knalleffekten sorgen. Die Kids können mit tiefsinnigen Inhalten durchaus etwas anfangen – aber nur bei Verabreichung in knackiger Dosis.

Bevor ich fortfahre, will ich gestehen, daß ich jahrelang mit dieser Altersgruppe nichts zu tun haben wollte, weil ich die Reaktionen mißdeutet habe, die dem Redner aus einem Publikum dieses Alters entgegengebracht werden. Ich nahm nur ein Gewusel wahr, das anscheinend zu einer ganz anderen Welt gehörte. Es wurde an den falschen Stellen gelacht, die Konzentration beim Zuhören reichte anscheinend nur ein paar Sekunden, und ständig regte, räusperte oder äußerte sich jemand sonstwie. Ich weiß noch, wie ich meine Ansprachen mit einem lockeren Spruch begann: „Na, wie geht's euch denn so?" Eine rhetorische Frage, auf die ich keine Antwort wollte. Aber hundert Kids gaben mir gleichzeitig eine Antwort. Die anderen fünfzig horchten nur auf, wenn ich mir einen Versprecher leistete. Dann wurde mir der Fehler brühwarm aufgetischt. Mit den Einsätzen für die Witze klappte es auch nicht. Ich glaube, niemand hat verstanden, worauf ich eigentlich hinaus wollte. Vielleicht zappeln die Kids deshalb so, weil der ausgewachsene Schmetterling sich dem kindlichen Körper entwinden will. Vielleicht reagieren sie nicht so wie andere Menschen, aber hinhören können sie doch. Nach dem offiziellen Teil des Abends konnte ich feststellen, daß sie unglaublich aufnahmefähig für meine Botschaft gewesen waren. Sie stellten kluge Fragen und dachten offenbar sehr angeregt über meine Worte nach. Jedes war bei Ihnen angekommen, auch wenn es nicht den Anschein erweckt hatte.

Die Kids bis sechzehn haben eine Eigenschaft, die sich später schnell in nichts auflöst – etwas, das nicht in Gold aufgewogen werden kann und gleichzeitig sehr gefährlich ist: Sie sind formbar. Das Herz ist offen, und ob sie es zeigen oder nicht: meist halten sie auf Biegen und Brechen zu ihren Leitern. Was man ihnen sagt, geht viel tiefer, als man ahnt. Wer das nicht glaubt, sollte sich daran erinnern, wie er in diesem Alter von geistlichen Leitfiguren geprägt wurde. Man kann die Kids mit seinen Worten inspirieren, aber auch verletzen und demütigen. Deshalb ist größte Sorgfalt angebracht.

Sechzehn und aufwärts.
Obwohl das gesamte Buch für jene geschrieben wurde, deren Publikum zu dieser Altersgruppe gehört, möchte ich ausdrücklich folgende Ratschläge für eine gute Kommunikationsgrundlage festgehalten wissen. Es geht nicht um spezielle Methoden; ich schütte hier eher mein Herz aus.

1. *Halten Sie Predigt und Leben im Einklang.* Die Teenager nehmen das Gesagte solange distanziert entgegen, bis sie merken, daß Sie es selbst praktizieren.
2. *Haben Sie keine Angst vor Auseinandersetzungen.* Streit gehört zur echten Liebe. Entgegen ihrem äußeren Gehabe halten die jungen Leute Ausschau nach positiver Anleitung, wenn Liebe dahinter steckt. Regeln vermitteln ein oft ersehntes Sicherheitsgefühl und Ziele im Leben. Man braucht sich nur vor Augen zu halten, was aus führungslosen, nie zurechtgewiesenen Kindern wird, um das einzusehen. Manchmal tut die Wahrheit weh. Es ist aber immer noch die Wahrheit, die uns frei macht, und nicht allgemeine Nettigkeit oder eitel Wohlgefallen.
3. *Gehen Sie auf die jungen Leute zu.* Wenn unsere Worte zu dieser Altersgruppe Sinn haben und wirken sollen, dann müssen wir uns in ihre Welt begeben. Als Jugendmitarbeiter verspüren wir mehr als jeder andere, daß die Heranwachsenden nicht gerade die Tür einrennen, um zu unseren Treffen zu kommen. Wenn wir sie abholen

213

wollen, müssen wir in ihre Umgebung gehen. Als Jesus uns gewinnen wollte, hat er nicht etwa eine tolle Veranstaltung im Himmel geplant und darauf gewartet, daß wir kommen. Er kam zu uns und lebte unter uns. Nichts beweist so sehr unsere Liebe für die junge Generation wie die Bereitschaft, sich in ihre Welt zu begeben, um sie zu gewinnen. Das macht manchmal Angst und schafft Enttäuschung, aber letzten Endes haben unsere Worte eine unglaubliche Wirkung, wenn wir mit Liebesbeweisen dahinterstehen.

Glaubst du, daß mir jemand zuhört?

10. Kapitel
Die Herausforderung
am Schluß

Seit ich dieses Buch geschrieben habe, sind meine Vorträge und meine Einstellung zur Kommunikation grundsätzlich anders geworden. Weil ich über einen Maßstab für Klarheit, dazu über Werkzeug für wirkungsvolle Aussagen verfüge, kann ich mich nicht mehr mit Durchschnitt zufriedengeben.

Die G.E.R.A.D.E.-Methode ist mir in Fleisch und Blut übergegangen und läßt mich bei meinen Vorträgen nach immer besseren Leistungen streben. Hoffentlich läßt auch Ihnen dieses Buch keine Ruhe. Ich wünschte mir, daß seine Grundsätze wie Samenkörner Wurzeln schlagen – einmal gepflanzt, sollten sie sich in Ihrem Leben und in Ihrer Einstellung Raum verschaffen. Respekt und Bewunderung all denen, die sich auf die Aufgabe eingelassen haben, Menschen von Jesus zu erzählen. Betrachten Sie dieses Buch bitte nicht so sehr als letzten Gipfel der Kommunikationskunst, sondern vielmehr als ein Signal für ein unaufhörliches Streben nach Qualität.

Dem Wachstum verpflichtet:
Niemals aufhören

Es stimmt mich traurig, wenn ich Menschen begegne, die sich nicht mehr entwickeln. Manchmal konnte ich an der Frisur ablesen, in welchem Jahr der eine oder andere seinen Schulabschluß hatte. Von da an fror die Entwicklung einfach ein.

216

Denn so sehr hat Gott die Welt geliebt, daß er

~~einen Einschreibebrief abschickte~~

~~ein klingendes Telegramm schickte~~

~~eine Nachricht auf Kassette sprach~~

~~ein Videoband schickte~~

— *SEINEN EINZIGEN SOHN SANDTE*

Es gibt zahllose Unterhaltungskünstler, bei denen der Erfolg ausbleibt, weil sie sich nach großen Leistungen bis in alle Zukunft auf ihren Lorbeeren auszuruhen gedachten. Auf dem Gebiet der Kommunikation darf man nicht in der Entwicklung stehenbleiben – genauso wenig wie auf allen anderen Gebieten. Wenn man erst einmal glaubt, man sei der Beste und dürfe aufhören, noch besser zu werden, steht man schon mit einem Bein im Sarg. Die Wirkungsmöglichkeiten sterben ab. Was nun folgt, sind drei Ratschläge, wie Sie weiterhin an der Qualität Ihres Kommunikationstalents arbeiten können.

1. *Fortbildung.* Man ist nie so weit, daß man aufhören könnte, aus Seminaren, Büchern, Weiterbildungskursen und

217

anderem Anregungsmaterial zu lernen. Wenn ein neues Buch über irgendeinen Aspekt der Kommunikation auf den Markt kommt, dann lese ich es. Ich bin fest von der Nützlichkeit des Lesens überzeugt, um sich zu entwickeln. Wenn in Ihrer Gegend einschlägige Kurse angeboten werden, dann nehmen Sie daran teil. Nehmen Sie gute Redner unter die Lupe – nicht, um das Material auszuschlachten, sondern wegen der Methoden, mit denen sie ihre Illustrationen anbringen. Sie verbessern Ihre Vorträge allerdings noch um kein Haar, indem Sie sämtliches Illustrationsmaterial der Welt sammeln. Es geht darum, Methoden zu beobachten und anzuwenden. Dann können Sie Ihr Anschauungsmaterial wirkungsvoller einsetzen. Beim Beobachten von Vorbildern kann man viel lernen.

2. *Feedback.* Obwohl Sie Ihr eigener bester Kritiker werden sollten, sind Sie realistischerweise auf viel objektivere Meinungen angewiesen. Ehepartner, Kinder, Freunde, auch einige Jugendliche selbst können ausgezeichnet beurteilen, welchen Fortschritt Ihre Kommunikation macht. Meist bitte ich nach jeder Rede jemanden um seine Meinung, wo es Schwächen gab und wie ich den Vortrag verbessern könnte. Außerdem will ich wissen, welche Gesten, Haltung oder Vortragsweise nur Ablenkung erzeugt. Fragen Sie Ihre Freunde auch immer, welche Redeabsicht sie entdeckt zu haben glaubten. Das ist eine ziemlich schonungslose Methode, die nicht sehr angenehm ist. Aber: Man wird dadurch zielbewußter und kann die lebenswichtigen Wahrheiten so weitergeben, daß sie bei den jungen Zuhörern für die Ewigkeit eingepflanzt werden. Ein solches Netz von „Feedbackgebern" hat einen schönen Nebeneffekt, weil damit für besonders aufmerksame Zuhörer in der Gruppe gesorgt ist. Wäre es nicht großartig, wenn jeder einzelne in der Gruppe so aktiv allem zuhören würde, was Sie zu sagen versuchen?

3. *Machen Sie von möglichst jedem Vortrag eine Aufnahme.* Wenn Sie die Anregungen in diesem Buch anwenden,

218

wird Ihnen die Verbesserung deutlich auffallen. Dürfte ich Ihnen aber nur ein einziges Mittel an die Hand geben, um Ihnen zu besseren Vortragskünsten zu verhelfen, dann wäre das ein Kassettenrecorder. Nichts kann die Arbeit mit der G.E.R.A.D.E.-Methode so stark anregen, als wenn man sich die eigene Rede anhört und nicht feststellen kann, worum es geht. Sie würden auch schnell den Entschluß fassen, in Ihrem Wortschatz aufzuräumen, wenn Sie fünfunddreißig Mal „Äh", „sozusagen", „quasi" oder „nicht wahr" in Ihrer siebenminütigen Rede zählen müssen. Außerdem bewirkt die Aufnahme einen realistischen Einblick in die Reaktion des Publikums auf Witziges. Man braucht Disziplin, um jeden Vortrag aufzunehmen, merkt aber schnell, daß man sich nicht die ganze Rede anzuhören braucht. Diese Mühe aber zahlt sich hundertfach aus. Videoaufnahmen sollte man mindestens einmal vierteljährlich machen und sich den ganzen Vortrag anschauen. Sie sitzen sozusagen in der ersten Reihe und können die nonverbalen Aspekte Ihres Auftritts beobachten. Bitten Sie eine Vertrauensperson, sich das Video gemeinsam mit Ihnen anzuschauen und den Vortrag kritisch zu würdigen. Mit der Einschätzung dieser Person verdoppelt sich der Nutzen dieser Übung. Wenn Sie sich als Jugendleiter und Redner weiterentwickeln wollen, nehmen Sie Ihre Reden auf, hören genau hin und schauen Sie sich an. Ein besseres Feedback gibt es nicht.

Ein Gruß an die Kämpfer an vorderster Front

In vieler Hinsicht ist meine Tätigkeit als Humorist viel einfacher als die Arbeit des Jugendleiters. Als umherreisender Vortragskünstler braucht man nur fünf oder sechs Stücke auszuarbeiten (manche haben nur eins im Programm). Bei jedem Auftritt hat man ein anderes Publikum. Sie können ihre Illustrationen immer wieder neu üben. Außer bei seltenen Gelegenheiten brauchen sie sich nicht intensiv vorzubereiten. Außerdem können neue Ideen und Anschauungsmaterialien im sicheren Rahmen einer längeren Rede ausprobiert werden, die sich bereits bewährt hat.

Der Beruf des Jugendpastors oder Sonntagsschullehrers aber erfordert Ausdauer und Kraft. Einmal wöchentlich, manchmal öfter, muß er eine neue Botschaft vorbereiten. Statt als Star des Abends vorgestellt zu werden, der gerade von einem Engagement in der großen, weiten Welt kommt, wird er meist überhaupt nicht vorgestellt. Kein Tusch, keine Begeisterung wie beim Redner von außerhalb.

Obwohl diese Umstände Ihnen mehr Arbeit und sogar eine höhere Kompetenz abverlangen, sind Sie auf lange Sicht im Vorteil. Sie wollen mehr als Unterhaltung oder evangelistische Kanonaden bieten. Woche für Woche haben Sie diese ganz besonderen jungen Leute um sich und können ihnen dienen, um Einfluß auf ihr Leben zu nehmen. Sie bekommen Reifeschritte, Enttäuschungen und Weiterentwicklung mit. Wenn die Kids traurig sind, dürfen Sie mit ihnen weinen; wenn sie sich freuen, feiern Sie mit. Eine großartige Chance, Vorbild für das zu sein, was man vorträgt!

Wenn ich vor tausend Teenagern im Rampenlicht auf der Bühne stehe, dann kann die Wirkung meiner Worte gerade durch Glanz und Gloria gemindert werden. Der junge Zuhörer denkt: „Wenn ich bloß so wäre wie er, dann könnte ich gut als Christ leben."

Er hat nie die Chance, mich im Alltag zu erleben. Genau der Grund, warum er gekommen ist, ist zur Schranke geworden, die nur gebrochen werden kann, wenn ich mich auf der Bühne verletzlich und glaubwürdig erweise. Oft habe ich mich nach dem Auftritt danach gesehnt, so einen jungen Menschen, der sich gerade für Christus entschieden hat, die ersten Wochen begleiten zu können. Ich wünschte

220

mir den persönlichen Kontakt, den Sie genießen dürfen. Niemand ruft mich an, wenn es Probleme gibt. Niemals wird mein Zimmer mit Toilettenpapier festlich „dekoriert". Das sind Signale einer persönlichen Zuneigung, Beweise dafür, daß Sie Ihr Leben tatsächlich mit den Kids teilen und von ihnen als Christi Botschafter anerkannt werden. Man nimmt Ihnen ab, daß Sie da sind, wenn Sie gebraucht werden.

Wenn Sie also den „Ruf der Straße" vernehmen, sollten Sie daran denken, daß es Menschen in Ihrer Situation sind, die tatsächlich Veränderungen bewirken. Als Jugendpastor ahnen Sie vielleicht nicht, wie sehr die Kids Sie als Vorbild schätzen. Aus Gesprächen, in der Seelsorge und beiläufigen Bemerkungen geht immer wieder hervor, daß man Sie toll findet, zu Ihnen aufschaut und Sie ständig beobachtet. Für viele Kids sind Sie das einzige ernsthafte christliche Vorbild.

In einem Song von Tina Turner findet sich diese Zeile: „We don't need another hero" (Wir brauchen nicht noch mehr Helden). Das meine ich auch. Trotzdem brauchen unsere Jugendlichen Vertrauenspersonen, die sie respektieren können und die sie auf den größten Helden aller Zeiten verweisen – Jesus Christus. Als Vater traue ich Ihnen, dem Jugendleiter, einen ungeheuren Einfluß zu, meinen Kindern zur Entscheidung für Jesus zu verhelfen und im Einklang mit ihrem Glauben zu leben.

Weil Sie diesen Einfluß auf meine und alle anderen Kinder haben, bete ich darum, daß Sie bei allem, was Sie vermitteln, nach höchster Qualität streben. Lassen Sie Ihr Leben von der Botschaft prägen, die Sie weitergeben!

STARKSTROM-ANDACHTEN

Ken Davis & Dave Lambert:

NEUER SAFT FÜR MÜDE BIRNEN

Wenn dich normalerweise schon bei dem Wort „Andacht" das große Gähnen packt, solltest du diesem Buch eine Chance geben. Denn so knackfrisch, wie Ken Davis und Dave Lambert hier den „neuen Saft für deine müde Birne" rüberbringen, hast du das Ganze bestimmt noch nie betrachtet!

Wußtest du zum Beispiel, daß wir mit Schafen und Chamäleons verwandt sind? Oder kennst du den ultimativen Unterschied zwischen einer toten Ratte und einem Stück Brot?

Witzige, traurige und abgedrehte Geschichten zu den verschiedensten Themen bilden den Einstieg für jede der „Starkstrom-Andachten", von denen du dir bald mit Freuden täglich eine reinziehen wirst. Denn plötzlich bekommen die angegebenen Bibelstellen einen ganz neuen, logischen Zusammenhang mit deinem Leben. Und auf einmal merkst du, wie topaktuell und lebenswichtig der Glaube an Gott ist, und daß er dir zu einem prallvollen, spannenden Leben verhelfen will . . .

Taschenbuch, 240 Seiten, Bestell-Nr. 815 380